やる気が出てくる

決算書が読める魔法のステップ

Junko Koge　高下淳子

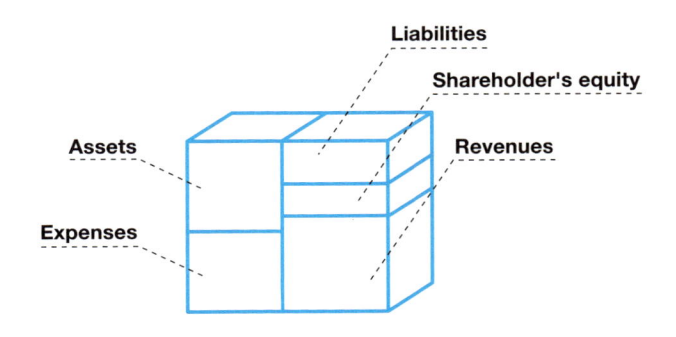

- Liabilities
- Shareholder's equity
- Revenues
- Assets
- Expenses

ソーテック社

本書の使い方

どこからはじめるかはあなた次第です

目安として、以下のイメージを参考に本書を活用していただければと思います。

●新しい「会社法」の施行による計算書類の改正点について知りたい方 ●決算書についての知識が少しある方	第1章から
●決算書について初めて学ぶ方 ●決算書について改めて勉強し直したい方	第2章から
●貸借対照表について今すぐ知りたい方	第3章へ
●損益計算書を完全マスターしたい方	第4章へ
●キャッシュフロー計算書の理解を深めたい方	第5章へ
●連結計算書類の基本的なしくみを知りたい方 ●決算書分析の演習で理解度チェックをしたい方	第6章へ

これにかぎらず、いろいろな角度から読み込んでみてください。
わからない点、疑問点は第2章以降で詳しく解説していますので、各章へ戻ったり、飛んだりしてみてください。

Book Design…Yoshiko Shimizu (smz')

はじめに

　この本は、「決算書」を読みこなすコツとポイントを、やさしく身につけていただくための１冊です。決算書が読めるようになる魔法のステップは、１枚の図形「５つの箱」を手に入れることからはじまります。決算書作成の流れ、決算書を読みこなす極意、理想的な会社経営のヒント、そしてキャッシュフロー計算書まで、すべてを「５つの箱」で完全マスターしてください。

　第１章では、新しく「会社法」が施行されたことによる計算書類の改正ポイントを整理しています。会社法施行に伴い、貸借対照表と損益計算書の表示や用語が一部変更され、「株主資本等変動計算書」という新しい計算書類が創設されています。今回の重要な改正点は、すべてのビジネスパーソンが知っておきたい内容です。

　またその流れとして、導入部分の「計算書類」と「財務諸表」、そして「決算書」の定義とそれぞれの書類の違いといった決算書の基本的なしくみとつながりを解説しています。

　決算書をひととおりマスターされている方も、会社法での改正点の確認とともに、知識を復習する機会として、ぜひお読みください。

　第２章では、決算書作成、簿記、仕訳、資金繰りなど、会社経営を経理的に語るときのキーワードである１枚の図形「５つの箱」をご自分のものにしてください。決算書を読みこなせる人は、決算書作成の流れのイメージをつかんでいる人です。１枚の図形「５つの箱」で「決算書が読めるようになる魔法のステップ」の第一歩を踏み出してください。

　第３章では、貸借対照表の基本的なしくみと表示ルールを理解していただきます。貸借対照表の図形イメージで、会社の「安全性」と「財務力」の高さを見抜くことができます。

　第４章では、損益計算書での会社の「利益」計算の流れと「儲ける力」を見抜くための着眼点についてまとめています。売上原価や減価償却費、税効果会計など、損益計算でつまずきやすい項目を取り上げています。

第5章では、キャッシュフロー計算書から読み取る情報とキャッシュフロー計算書作成の流れを理解してください。この章を読み終えたあとは、「キャッシュフロー経営」の実践とはどういう意味なのか明確になっているはずです。

　そして、最後の第6章では、決算書の読み方の復習という意味で、基本的な「決算書分析」の計算方法とその意味について取り上げています。決算書を読みこなす実力を身につけたところで、章末のサンプル決算書を使って「会社の力」を判断するための分析実習をしてみてください。

　またグループ企業の実力をつかむために、「連結計算書類」の基本的なしくみと作成ステップについても触れました。

　2、3、4、6章には、それぞれの章の大切な項目について理解度をチェックするための「Question」を用意しています。

　Practice makes perfect！「習うより慣れよ」の精神でチャレンジしてください。

　「なぜ？」という疑問点が「なるほど！」に変わることを確認しながら、ぜひ最後まで読み進めてください。

　読者のみなさまが、「決算書の見方」と「決算書分析」のコツを最短距離でつかみ、「決算書読解」のために必要な基礎知識を身につけてくださることを期待しております。

　最後になりますが、本書の出版に当たって、企画段階から完成まで的確なアドバイスでリードしてくださり、そのうえ魔法のステップで一瞬を撮ってくださったソーテック社編集部の編集者で名カメラマンの福田清峰さんに心より感謝申し上げます。そして、素晴らしい1冊に仕上げてくださったソーテック社編集制作チームのみなさま、素敵なデザインを作っていただいた清水佳子さん、本当にありがとうございました。

高下淳子

Contents

第1章 会社法改正で決算書の見方はここが変わる!
― 会社法で何が変わった？決算書とは？計算書類とは？―

1 知らないと大変！ 会社法改正と決算書 ･･････････012
「会社法」による計算書類の改正ポイント
- （1） 「計算書類」の範囲
- （2） 貸借対照表に関する改正
- （3） 損益計算書に関する改正
- （4） 株主資本等変動計算書の創設
- （5） 利益処分（損失処理）案の廃止
- （6） 注記はすべての会社に求められる
- （7） 臨時決算制度の創設
- （8） 連結計算書類に関する見直し
- （9） 剰余金の配当に関する改正
- （10） 決算公告
- （11） その他の改正

2 決算書と計算書類と財務諸表 ･････････････････028
「計算書類」と「決算書」と「財務諸表」

3 貸借対照表の基本的なしくみ ･････････････････030
貸借対照表で「財政状態」がわかる

4 株主資本等変動計算書の中身 ････････････････032
株主資本等変動計算書とは純資産の増減明細書

5 損益計算書の基本的なしくみ ･････････････････034
損益計算書に含まれる「収益」と「費用」

6 その他の「会社法」の改正ポイント ･････････････036
新しい会社法って何？
- （1） 会社種類の見直し
- （2） 合同会社の創設 （Limited Liability Company、略してLLC）
- （3） 会社設立時の規制緩和
- （4） 株式譲渡制限会社の「機関設計」の柔軟化
- （5） 株式に関する改正
- （6） 取締役会は書面決議でも可能
- （7） 株主総会の開催場所
- （8） 取締役の解任に関する株主総会の決議

第2章 決算書をやさしく理解するコツ
―1枚の図形「5つの箱」で決算書をマスターする
魔法のステップ―

1 1枚の図形で決算書を理解する ･････････････042
 「5つの箱」がわかれば「決算書」がわかる理由
 「5つの箱」の中身は何でしょう

2 会社の「プラスの財産」には何がある？ ･･････････045
 資産とは「プラスの財産」
 具体的な資産科目

3 会社には「マイナスの財産」もある ･･････････048
 負債とは「マイナスの財産」
 具体的な負債科目

4 会社にとって「純額の財産」とは ･･････････050

5 会社の「稼ぎ方」を見る ･････････････････052
 収益とは会社成長の源
 具体的な収益の科目

6 稼ぐために会社がすべきこと ･･････････････054
 費用とは費やす「財貨」や「用役」
 具体的な費用科目

7 決算書の大本は「5つの箱」 ･･････････････058
 決算書は「人類最高の発明＝仕訳」で作られる
 「5つの箱」を上下に分解すれば決算書のできあがり

8 決算書は「5つの箱」で作成できる ･･････････060
 仕訳のルールも「5つの箱」にあり
 「仕訳」をゲーム感覚で考えてみよう
 仕訳を書くときの注意点
 決算書作成の流れをマスターしよう

9 お金を増やす取引と減らす取引 ･････････････070
 「5つの箱」でお金の流れがわかる
 「5つの箱」でお金を増やす取引を理解する

10 理想的な「5つの箱」の動き方とは ･･････････072
 「5つの箱」に表れる理想的な経営
 「粉飾」と「逆粉飾」と「5つの箱」

Column
決算書が読めると得する3つの理由 ① ……………………………078
　株式投資で「買える株」を見抜く
決算書が読めると得する3つの理由 ② ……………………………080
　「数字」で語るビジネスパーソンになる

第3章　会社の「財産状況」を見てみよう
― 貸借対照表を見る着眼点と読みこなすステップ ―

1 貸借対照表は左右のバランスでつかむ ………………082
貸借対照表も「5つの箱」です
費用の効果を繰り延べる資産もある
貸借対照表の科目配列にはルールがある
「流動」と「固定」に区分する2つのルール
「流動」と「固定」の区分は大丈夫？

2 貸借対照表から読み取る5つの情報 ………………089
＜情報1＞ 総資本（＝総資産）で経営規模をつかむ
＜情報2＞ お金の集め方に無理はありませんか？
＜情報3＞ 自己資本にもコストが必要⁉
＜情報4＞ 流動資産は1年以内にお金になりますか？
＜情報5＞ 固定資産へのムダな投資はありませんか？

3 貸借対照表の上半分のバランスを見る ………………094
「流動資産」と「流動負債」どっちが大きい？
当座のお金で短期的な負債を返済できますか？

4 貸借対照表の下半分のバランスを見る ………………097
固定資産投資は自分のお金の範囲内ですか？
設備投資は長期的な資本で調達していますか？

5 「総資産」と「純資産」を混同している経営者は失格 ……101
「総資産≠純資産」は経営のコモンセンス
土地を長期借入金で購入した場合
大切なのは「純資産」
借入金の返済原資の計算方法
本社ビル建て替えの借入金は返せるか？

6 将来に準備するための引当金 ………………107
将来の損失に準備する引当金
引当金の会計処理と効果

Column
決算書が読めると得する3つの理由 ③ ・・・・・・・・・・・・・・・・・・・・・・・・・・・・111
　「会社経営」のコツは「人生」に応用できる

第4章　会社の「儲ける力」を見てみよう
― 損益計算書を見る着眼点と読みこなすステップ―

1 損益計算書の基本的なしくみ ・・・・・・・・・・・・・・・・・・・・・・・・114
　損益計算書の構造
　損益計算書を読みこなすステップ

2 損益計算書をじっくり見てみよう ・・・・・・・・・・・・・・・・・・117
　損益計算書の「売上高」
　「売上総利益」は利益の大本
　「営業利益」は会社の本業での儲け
　「経常利益」は会社の実力を表わす
　「当期純利益」は最終の経営成果

3 「商品仕入」と「売上原価」の違いに注意！ ・・・・・・・・・122
　「売上原価」とは売れた商品の仕入原価
　売上原価を「アロマショップ」の商品の動きで考えてみます
　製造業の売上原価は工場をイメージします

4 減価償却費について知っておこう ・・・・・・・・・・・・・・・・・・127
　減価償却すべき資産とは
　減価償却費を計上する意味
　減価償却費の計算方法
　「定額法」と「定率法」の違いは？

5 会社が生み出す価値と上手な分配 ・・・・・・・・・・・・・・・・・・132
　付加価値の定義と計算方法
　上手な分配が大切
　生産性の高い会社が評価される
　労働力への分配＝「労働分配率」
　企業の体質がよければ給料もアップする

6 支払利息の負担率をチェックする ・・・・・・・・・・・・・・・・・・137
　支払利息の負担率を把握する
　表面金利と実質金利の違い

7 会社の税金「法人税等」は約40％ ・・・・・・・・・・・・・・・・・・140
　利益 ≠ 所得である理由
　「実効税率」の計算方法

8 「税効果会計」で「一時差異」を調整する ・・・・・・・・・・・・・・・・145
　　税務と会計の差異には2種類ある
　　税効果会計では「一時差異」を調整する

Column
　　決算書の情報を正しくつかむ極意 ① ・・・・・・・・・・・・・・・・・・・・・・・・・149
　　　　数字は「細分化」して見る
　　決算書の情報を正しくつかむ極意 ② ・・・・・・・・・・・・・・・・・・・・・・・・・150
　　　　決算書は「百分率」で見る

第5章　会社の命綱は「お金」です
　　― キャッシュフロー計算書を見る着眼点と読みこなすステップ―

1 キャッシュフローが重要な理由 ・・・・・・・・・・・・・・・・・・・152
　　キャッシュフローとは「キャッシュ」の収支
　　「キャッシュフロー計算書」ではお金を色分け

2 利益がお金として残らない5つの理由 ・・・・・・・・・・・・・・・・156
　　「利益」と「資金」は一致しない
　　なぜ「儲かっていて」も「お金がない」のか

3 実は簡単！です、キャッシュフロー計算書 ・・・・・・・・・・・159
　　キャッシュフローの結果だけなら貸借対照表でわかる
　　「直接法」なら収支状況がはっきりわかる
　　「間接法」で勘定合って銭足らずの実態が見える
　　重要なのは「営業活動C/F」

4 営業活動C/Fをじっくり見てみよう ・・・・・・・・・・・・・・・・166
　　営業活動C/Fはプラスであるべきだが……
　　営業活動C/Fも１年だけでは判断できない
　　営業活動C/Fを徹底理解（実務編）

5 投資活動C/Fのマイナスは評価される ・・・・・・・・・・・・・・・171
　　前向きな設備投資のための資金支出は評価される
　　それぞれのキャッシュフローから読み取れること

6 財務体質の健全化と株主還元への支出 ・・・・・・・・・・・・・・173
　　財務活動C/Fの中身
　　「フリーキャッシュフロー」とは自由なお金

7 キャッシュフロー経営を実践する会社は◎ ・・・・・・・・・・176
　　キャッシュを有効に活用できる会社こそがいい会社
　　キャッシュフロー経営を実践するために

Column
　決算書の情報を正しくつかむ極意 ③ ・・・・・・・・・・・・・・・・・・・・・・179
　　　決算書は数期分を見る
　決算書の情報を正しくつかむ極意 ④ ・・・・・・・・・・・・・・・・・・・・・・180
　　　単位当たりで「生産性」の高さを見る

第6章　会社の実力を診断してみましょう
― 決算書分析のコツと「連結計算書類」作成のステップ ―

1　グループ企業は「連結」した数字を見る ・・・・・・・・・・・・・・・182
　　「連結」した数字を見ないと意味がないケース
　　「連結計算書類」で連結する範囲
　　「連結計算書類」で実力を見よう
　　連結計算書類の作成ステップ
　　消去された取引などを仕訳で表現する

2　いい経営が決算書の良循環を生む ・・・・・・・・・・・・・・・・・・・・190
　　決算書は貸借対照表にはじまり貸借対照表に引き継がれる

3　貸借対照表を分析してみよう ・・・・・・・・・・・・・・・・・・・・・・・・192
　　まとめ：基本的な決算書分析の意味と計算方法
　　短期的な支払能力は「流動比率」でチェック
　　当座の資金繰りは「当座比率」で厳しくチェック
　　設備投資の安全性は「固定比率」でチェック
　　設備投資に無理がないか「固定長期適合率」でチェック

4　「自己資本比率」の求め方と改善策 ・・・・・・・・・・・・・・・・・・・196
　　「自己資本比率」で財務の健全性をチェック
　　自己資本比率を高めるにはどうすればいい？

5　有利子負債が多すぎないかチェックする ・・・・・・・・・・・・・・199

6　損益計算書を分析してみよう ・・・・・・・・・・・・・・・・・・・・・・・・200
　　損益計算書は「百分率」で経営成果を見る

7　ビジネスの成果を「総資産経常利益率」で見る ・・・・・・・・・・202
　　「総資産経常利益率」は収益性の総合的な指標
　　総資産経常利益率を正しく計算するために
　　回転率の高い経営が総資産経常利益率を高める

　＜決算書分析の確認テスト用サンプル決算報告書＞ ・・・・・・・・205

付録　重要用語の総まとめ ・・・・・・・・・・・・・・・・・・・・・・・・・・・・211

第 1 章

会社法改正で決算書の見方はここが変わる！

会社法で何が変わった？
決算書とは？計算書類とは？

新しい「会社法」の施行により決算書の用語と様式が一部変更され、「株主資本等変動計算書」が創設されました。第1章では改正点の確認と決算書の基本的なしくみとつながり、そして決算書と財務諸表、計算書類という言葉の定義を理解していただきます。

1 知らないと大変！ 会社法改正と決算書

「会社法」による計算書類の改正ポイント

「会社法」とは、会社法制の大改正により、旧商法、商法特例法、有限会社法を再編し、ひとつの法律として、統合・整理された新しい法律です。新しい会社法は、平成18年5月1日より施行されています。

この章では、会社法における商法からの改正事項を踏まえた株式会社の決算書について見ていきます。

会社法の施行に伴い、決算書の様式や用語が大きく見直されました。また、会社の計算に関する事項は、「会社計算規則」に定められています。

計算書類に関する改正点の主なポイントは次のとおりです。

(1)「計算書類」の範囲

会社法では、次の書類を「計算書類(等)」と定義しています。

株式会社は各事業年度ごとに計算書類を作成し、作成したときから10年間、その計算書類を保存する義務があります。

会社法での計算書類等
- 会社法での計算書類
  - ① 貸借対照表（会社の財産表）
  - ② 損益計算書（会社の経営成績表）
  - ③ 株主資本等変動計算書（新設）
  - ④ 注記表
- ⑤ 事業報告
- ⑥ 附属明細書

③の「株主資本等変動計算書」は、貸借対照表の「純資産の部」の各項目の変動を表わす書類として、作成が義務づけられる新しい計算書類です。その詳しい内容は（4）で取り上げます。

④の「注記表」とは、貸借対照表、損益計算書または株主資本等変動計算書に関する重要な項目の注意書きを記載する書類です。

たとえば、計算書類の作成のために採用している会計処理の原則や手続き、ならびに表示方法や剰余金の配当に関する事項などを記載します。具体的な注記すべき内容は、（6）で詳しく取り上げます。

（2）貸借対照表に関する改正

貸借対照表の資本の部は、名称が「純資産の部」に変更され、表示する内容も一部変更されました。貸借対照表は、「資産」「負債」および「純資産」の部の各部に分類して表示します。

純資産の部は、次の3項目に区分して表示します。

Ⅰ 株主資本
Ⅱ 評価・換算差額等
Ⅲ 新株予約権

次ページの図1-1は、「貸借対照表の純資産の部の表示に関する会計基準等の適用指針」（企業会計基準委員会）において、公表された純資産の部の表示例です。これらのうち、該当する区分と項目のみ表示すればよいことになります。多くの中小企業の純資産の部には、Ⅱ 評価・換算差額等とⅢ 新株予約権に該当する項目はないため、Ⅰ 株主資本に関する項目のみが表示されるケースが多いでしょう。

貸借対照表（B/S）

平成○1年3月31日現在

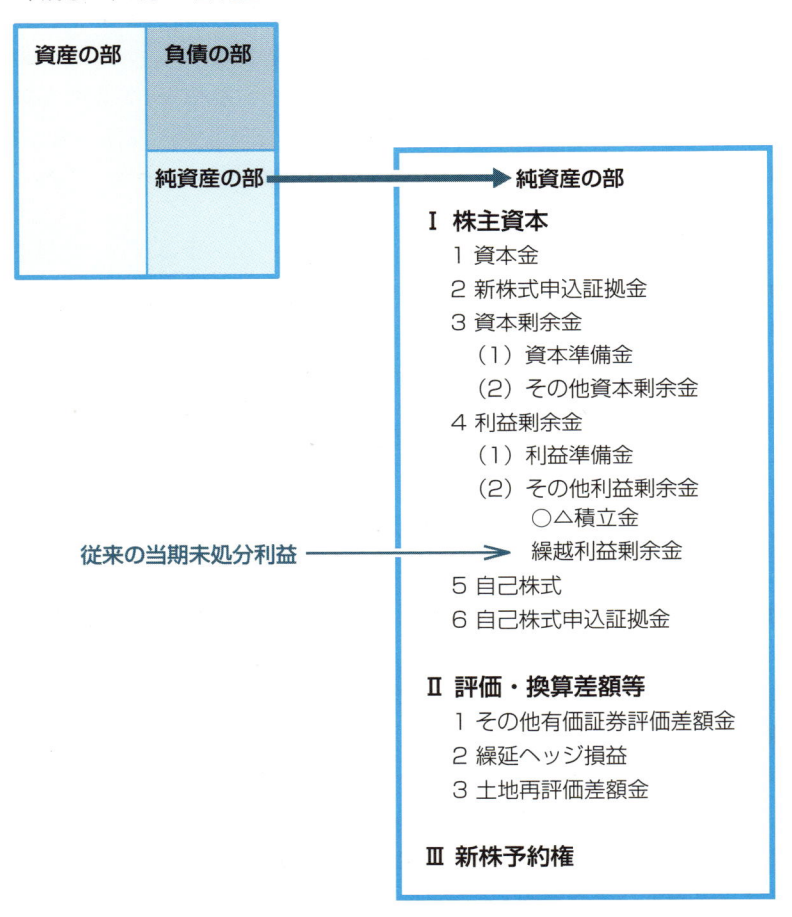

資産の部	負債の部
	純資産の部

純資産の部

Ⅰ 株主資本
  1 資本金
  2 新株式申込証拠金
  3 資本剰余金
    （1）資本準備金
    （2）その他資本剰余金
  4 利益剰余金
    （1）利益準備金
    （2）その他利益剰余金
        ○△積立金
        繰越利益剰余金 ← 従来の当期未処分利益
  5 自己株式
  6 自己株式申込証拠金

Ⅱ 評価・換算差額等
  1 その他有価証券評価差額金
  2 繰延ヘッジ損益
  3 土地再評価差額金

Ⅲ 新株予約権

（「貸借対照表の純資産の部の表示に関する会計基準等の適用指針」より）

図1-1 貸借対照表の「純資産の部」の記載例

「株主資本」には、資本金、新株式申込証拠金、資本剰余金、利益剰余金および自己株式、自己株式申込証拠金を表示します。

「自己株式」とは、自社が所有する自社の株式ですが、自己株式を資産とは捉えておらず、純資産の控除項目としてマイナス表示されます。

会社法では、「その他資本剰余金」と「その他利益剰余金」の内訳項目について、適当な名称を付した項目に細分することが「できる」とされています。「できる」とは、細分化するのは自由ということです。

しかし、会計基準では表示例のとおり、「その他利益剰余金」について内訳を区分しています。その他利益剰余金のなかの「繰越利益剰余金」は、従来の当期未処分利益の名称が変更されたものです。

Ⅱ 評価・換算差額等の区分には、次の３項目が表示されます。

Ⅱ-1	金融商品会計基準による時価会計を適用した場合における「その他有価証券評価差額金」（旧商法での株式等評価差額金という用語が、その他有価証券評価差額金に改められました）
Ⅱ-2	ヘッジ会計を適用した場合の「繰延ヘッジ損益」
Ⅱ-3	土地再評価法を適用した場合の「土地再評価差額金」

また、従来は負債に計上されていた「新株予約権」は、純資産の部に計上します。

「新株予約権」とは、株式会社に対して行使することにより、その株式会社の株式の交付を受けることができる権利をいいます。

新株予約権者（権利者）が、新株予約権の発行の際にあらかじめ定められた期間（行使期間）内に、あらかじめ定められた価額（権利行使価額）を払い込むことにより、株式会社はその権利者に対して新株を発行するか、自己株式を移転する義務を負います。新株予約権を無償で発行するのが、いわゆる「ストック・オプション」です。

これらの純資産の部の各項目の変動については、別途「株主資本等変動計算書」という独立した計算書類に表示します。

また資産のなかで、子会社と支配株主（法人）に区分して表示していたものは「関係会社」として一括りにされています。

（3）損益計算書に関する改正

損益計算書の表示形式および科目に大きな変更はありません。

ただし、従来の損益計算書での営業損益の部、営業外損益の部、経常損益の部、特別損益の部といった区分表示は不要となりました。

また、損益計算書の前期繰越利益の下に記載していた中間配当、自己株式消却額などは、すべて「株主資本等変動計算書」へ記載します。

そのため損益計算書では、「前期繰越利益」以下の表示項目が不要となり、「当期純利益」が最後の行となります。

なお会社計算規則では、利益または損失について「○○利益金額」または「○○損失金額」と表示すると規定していますが、実務では「金額」をつけずに、単に「○○利益」または「○○損失」と表示するのが一般的でしょう。

財務諸表規則（証券取引法（金融商品取引法に改正される）により提出される財務諸表の用語、様式等を規定）でも、条文では「○○利益金額」または「○○損失金額」と規定されていますが、同様式第三号損益計算書では、単に「○○利益」または「○○損失」となっており、有価証券報告書では、すべての会社が「○○利益」または「○○損失」と表示しています。

```
損益計算書（P/L）
自平成○1年4月1日  至平成○2年3月31日

売上高
売上原価
  売上総利益
販売費および一般管理費
  営業利益                    ┐
営業外収益                    │ 損益計算の区分
営業外費用                    │ 表示は不要
  経常利益                    ┘
特別利益
特別損失
  税引前当期純利益
法人税、住民税および事業税
法人税等調整額    ← 税効果会計を適用している場合の科目
  当期純利益      ← 損益計算書は「当期純利益」まで表示
```

図 1-2 損益計算書のひな形

（4）株主資本等変動計算書の創設

貸借対照表の「純資産の部」の変動を表わす計算書類として、「株主資本等変動計算書」が創設されました。

純資産の部（株主資本、評価・換算差額等、新株予約権）の前期末残高、および1事業年度中の変動額と当期末残高を記載します。

「株主資本等変動計算書」とは、前期末と当期末の貸借対照表における純資産の部をつなぐ書類です。

そのため、株主資本等変動計算書のなかの純資産合計の前期末残高は貸借対照表の純資産の部の前期末合計額と同額であり、純資産合計の当期末残高は貸借対照表の純資産の部の当期末合計額と同額です。

前期末の貸借対照表（B/S）
平成○1年3月31日現在

資産の部	負債の部
	純資産の部
	純資産合計　300

当期末の貸借対照表（B/S）
平成○2年3月31日現在

資産の部	負債の部
	純資産の部
	純資産合計　500

株主資本等変動計算書

	前期末残高	当期変動額	当期末残高
株主資本	300	200	500
評価・換算差額等			
新株予約権			
純資産合計	300	200	500

注 「株主資本等変動計算書」は「純資産の部」の増減をあきらかにする書類

図1-3「株主資本等変動計算書」の役割

（5）利益処分（損失処理）案の廃止

　従来の利益処分（損失処理）案は廃止され、作成不要となりました。剰余金の配当は、従来のように利益処分案の承認をもって行うのではなく、株主総会における「剰余金の配当」に関する議案の承認に基づき行うという手続きになります。

　では、図1-4で旧利益処分案と株主資本等変動計算書を比較してみましょう。

　これまで、前期決算の利益処分案に記載されていた配当金は、当期の純資産を減少させるものなので、当期の株主資本等変動計算書の剰余金の配当の欄に記載します。

　反対に、当期の利益処分案で承認を受けるべき配当金は、翌期の純資産を減少させるため、当期の株主資本等変動計算書には記載しません。

　このことは、会社の税金（法人税等）について大きな影響があります。

　法人税法では、特定の同族会社が留保した所得には、通常の法人税額に加えて別途ペナルティー的に課税される「留保金課税」という制度があります。この留保所得の計算において、旧利益処分案に記載していた当期決算にかかる確定配当は、税務上の社外流出として取り扱われてきました。

　ところが、株主資本等変動計算書は、当期中の純資産の増減に関する計算明細書です。このままでは、同族会社の留保金課税の計算において、当期の決算書に記載されない確定配当が翌期対応となってしまい、当期の留保所得に含まれるという問題が生じてしまいます。

　そこで、旧利益処分案に記載されていた当期決算にかかる配当金は、株主資本等変動計算書に関する注記（注記②）として記載します。この注記により、税務計算の社外流出と結びつけられます。

　このほかに、これまで税法上の圧縮記帳積立金等は、利益処分案の株主総会決議によって積立ておよび取り崩しがなされてきました。会社法の下では、当期末の貸借対照表に積立金の積立ておよび取り崩しを反映させるとともに、「株主資本等変動計算書」に税務上の積立金の積立額と取崩額を記載し、株主総会の承認を受けることになります。

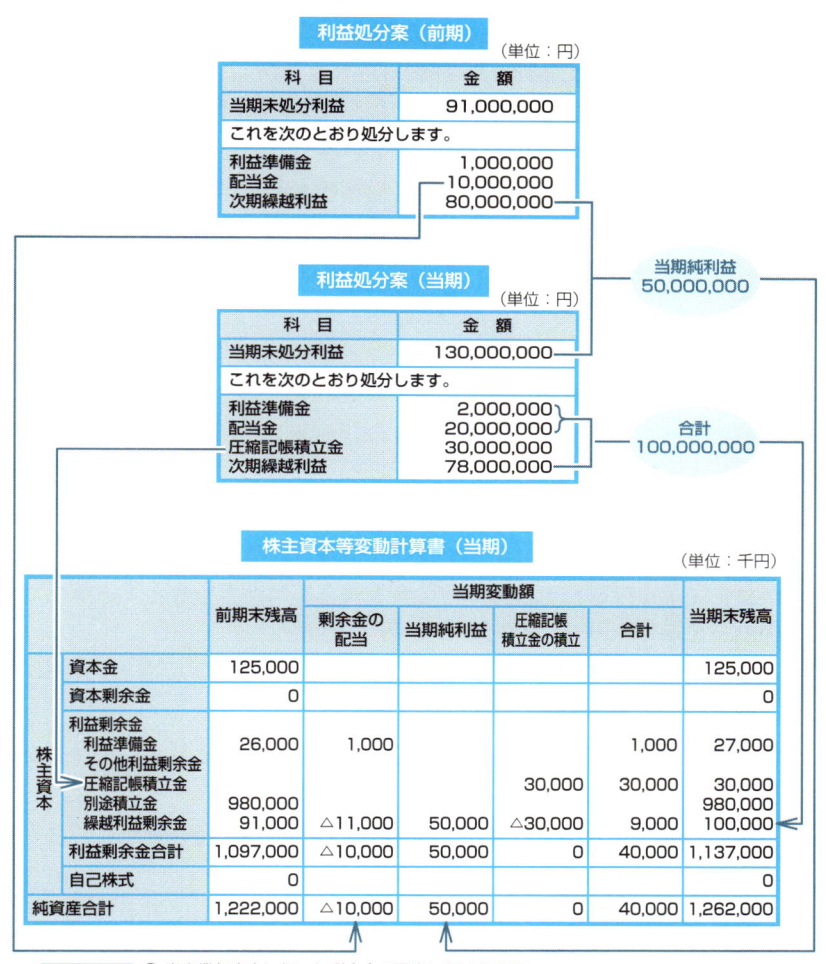

第1章・会社法改正で決算書の見方はここが変わる！

利益処分案（前期）

（単位：円）

科　目	金　額
当期未処分利益	91,000,000
これを次のとおり処分します。	
利益準備金	1,000,000
配当金	10,000,000
次期繰越利益	80,000,000

利益処分案（当期）

（単位：円）

科　目	金　額
当期未処分利益	130,000,000
これを次のとおり処分します。	
利益準備金	2,000,000
配当金	20,000,000
圧縮記帳積立金	30,000,000
次期繰越利益	78,000,000

当期純利益 50,000,000

合計 100,000,000

株主資本等変動計算書（当期）

（単位：千円）

		前期末残高	当期変動額 剰余金の配当	当期変動額 当期純利益	当期変動額 圧縮記帳積立金の積立	当期変動額 合計	当期末残高
株主資本	資本金	125,000					125,000
	資本剰余金	0					0
	利益剰余金						
	利益準備金	26,000	1,000			1,000	27,000
	その他利益剰余金						
	圧縮記帳積立金				30,000	30,000	30,000
	別途積立金	980,000					980,000
	繰越利益剰余金	91,000	△11,000	50,000	△30,000	9,000	100,000
	利益剰余金合計	1,097,000	△10,000	50,000	0	40,000	1,137,000
	自己株式	0					0
純資産合計		1,222,000	△10,000	50,000	0	40,000	1,262,000

株主資本等変動計算書にかかる注記

① 当事業年度中に行った剰余金の配当に関する事項
　平成〇2年5月×日の定時株主総会において、次のとおり決議した。
　　配当金の総額　10,000千円、配当の原資　利益剰余金
　　基準日　　　　平成〇2年3月31日
　　効力発生日　　平成〇2年6月×日
② 当事業年度の末日後に行う剰余金の配当に関する事項
　平成〇3年5月×日の定時株主総会において、次のとおり決議する予定である。
　　配当金の総額　20,000千円、配当の原資　利益剰余金
　　基準日　　　　平成〇3年3月31日
　　効力発生日　　平成〇3年6月×日

図 1-4 「旧利益処分案」と「株主資本等変動計算書」の比較

そのため、当期の圧縮記帳積立金の積立額（30,000,000円）は、当期の貸借対照表に反映させて株主資本等変動計算書に記載します。

結果として、利益処分案の次期繰越利益と株主資本等変動計算書の繰越利益剰余金の当期末残高では、いまだ行っていない当期決算にかかる配当金・利益準備金の積立額だけ差額が出る計算となります。

具体的には、当期末の利益処分案の次期繰越利益（78,000,000円）に、翌期に支払う予定の配当金（20,000,000円）および配当金に伴う利益準備金の積立て（2,000,000円）をプラスした金額が、株主資本等変動計算書の繰越利益剰余金の当期末残高（100,000,000円）と一致します。

なお前期の旧利益処分案における次期繰越利益（80,000,000円）と、当期の旧利益処分案での当期未処分利益（130,000,000円）との差額は、当期純利益（50,000,000円）です。

また、旧利益処分案は、1円単位で表示する必要がありましたが、株主資本等変動計算書は1円単位、千円単位または百万円単位のいずれによる表示でもかまいません（税務申告書に添付する決算書は、もちろん1円単位で作成・提出します）。

（6）注記はすべての会社に求められる

会社法では、「注記表」（図1-5）を計算書類として位置づけており、次の項目の注記を求めています。

これらのうち、② 重要な会計方針にかかる事項、⑤ 株主資本等変動計算書に関する注記、⑫ その他の注記の3つの項目については、すべての会社において注記が必要となります。従来小会社は、資本の欠損と配当制限に関する注記以外は省略してもいいことになっていました。会社法では会社規模ではなく、株式譲渡制限会社かどうか、また会計監査人の設置の有無によって、注記すべき内容に差をつけています。

なお、旧商法では資本金が1億円以下かつ負債が200億円未満の会社を「小会社」と定義していましたが、会社法ではこの会社区分はなくなりました。

「株式譲渡制限会社」とは「公開会社」ではない会社のことです。会社法

注記表の記載項目

① 継続企業の前提に関する注記
② **重要な会計方針にかかる事項**
③ 貸借対照表等に関する注記
④ 損益計算書に関する注記
⑤ **株主資本等変動計算書に関する注記**
⑥ 税効果会計に関する注記
⑦ リースにより使用する固定資産に関する注記
⑧ 関連当事者との取引に関する注記
⑨ 1株当たり情報に関する注記
⑩ 重要な後発事象に関する注記
⑪ 連結配当規制適用会社に関する注記
⑫ **その他の注記**

すべての会社で注記が必要
（会計監査人を設置しない株式譲渡制限会社は②、⑤、⑫以外の項目を表示することを要しない）
（会社計算規則129条2項）

「重要な会計方針にかかる事項」に関する注記

（ⅰ）資産の評価基準および評価方法
（ⅱ）固定資産の減価償却の方法
（ⅲ）引当金の計上基準
（ⅳ）収益および費用の計上基準
（ⅴ）その他計算書類の作成のための基本となる重要な事項

「株主資本等変動計算書」に関する注記

（ⅰ）当該事業年度の末日における発行済株式の数
（ⅱ）当該事業年度の末日における自己株式の数
（ⅲ）当該事業年度中に行った剰余金の配当に関する事項
（ⅳ）当該事業年度の末日後に行う剰余金の配当に関する事項
（ⅴ）当該事業年度の末日における当該株式会社が発行している新株予約権の目的となる当該株式会社の株式の数

図 1-5 「注記表」に注記すべき項目

での公開会社とは、その発行する「全部または一部の種類の株式」について、その譲渡に際し承認を要する旨の定款の定めを設けていない株式会社のことです。言い換えれば、「一部の種類でも自由に譲渡できる株式」を発行している会社を「公開会社」といいます。

結果として、公開会社でない会社、つまり「株式譲渡制限会社」とは、発行する「全部の種類の株式」について、その譲渡制限を設けている株式会社のことです。会社法では、公開会社であるか株式譲渡制限会社であるかにより、会社の機関設計などの選択肢に差を設定しています。

会社法での公開会社の定義は、一般的な言葉での「上場会社」とは異なるので注意が必要です。ただ、乗っ取り防止のため、ほとんどの「非上場会社」では、株式の譲渡について制限をつけています。

また、会計監査人とは株式会社の「計算書類」およびその「附属明細書」「臨時計算書類」「連結計算書類」を監査して、「監査報告書」を作成する役割を担う公認会計士または監査法人をいいます。

（7） 臨時決算制度の創設

会社法では、事業年度ごとの通常の決算のほかに、期中の特定の日までの財産および損益を反映した貸借対照表と損益計算書を作成する「臨時決算制度」を認めています。これにより、臨時計算書類作成日までの確定した損益を配当財源に反映させることができます。

（8） 連結計算書類に関する見直し

旧商法において、「連結計算書類」を作成することができるのは大会社のみでした。

「大会社」とは、事業年度末日において、資本金が5億円超または負債が200億円超の会社をいいます。

会社法では、会社の規模にかかわらず「会計監査人設置会社」であれば、連結計算書類を作成することもできるようになりました。

証券取引法の開示規制により、有価証券報告書を提出しなければならない会社は、従来どおり、連結計算書類の作成義務が課されます。

「連結計算書類」とは、「連結貸借対照表」「連結損益計算書」「連結株主資本等変動計算書」および「連結注記表」をいいます。

連結計算書類の基本的なしくみについては、第6章で取り上げます。

(9) 剰余金の配当に関する改正

分配可能額の範囲内であるかぎり、年に何回でも株主総会の普通決議により剰余金の配当を行うことができます。ただし純資産額が300万円未満の場合には、剰余金があっても配当をすることはできません。

期中で臨時決算手続きを行うことにより、そのときまでの損益を分配可能額に反映させることができます。

剰余金の配当は現物による配当も認められますが、現物配当のみで金銭配当との選択を認めない場合には、株主総会の「特別決議」が必要です。

次の4項目を満たす会社では、定款の定めにより、取締役会の決議によって配当をすることができます。

①　会計監査人設置会社であること

②　取締役の任期が1年以内であること

③　監査役会設置会社であること

④　会計監査人の監査報告書が無限定適正意見であり、監査役会の監査報告書に会計監査人の監査の方法・結果が相当でないと認める意見がないことなど

「監査役会」とは、監査役3人以上で構成される会社の機関であり、監査役のうち半数以上は社外監査役でなければなりません。社外監査役には、過去にその株式会社またはその子会社の取締役・使用人等でなかった人しか選任できません。

(10) 決算公告

「有価証券報告書提出会社」と「特例有限会社」以外のすべての株式会社は、定時株主総会の終結後、遅滞なく貸借対照表を公告しなければなりません。

大会社は貸借対照表だけでなく、損益計算書も公告する必要があります。
　「特例有限会社」とは、会社法施行日前に設立された有限会社で、会社法上の株式会社として存続する会社をいいます。特例有限会社は法律的には株式会社として取り扱われますが、実質的には従前の有限会社法と同様の規律を受け、商号も引き続き有限会社を使用します。
　決算公告には次の3つの方法があります。定款に公告方法の定めを置いていない会社は官報により公告を行います。

決算公告の方法

① 官報への掲載
② 時事に関する事項を掲載する日刊新聞紙への掲載
③ 電子公告（ホームページ等の電磁的方法による公開）

　このうち「官報」または「時事に関する事項を掲載する日刊新聞紙」に決算公告を掲載する場合には、その要旨（要約したもの）を公告することでかまいません。
　貸借対照表または損益計算書の要旨の公告は、100万円単位または10億円単位をもって表示することができます。
　なお、電子公告の場合には、官報や新聞への決算公告は省略できます。
　ただし、電磁的方法による決算公告では、株主総会の終結の日から5年間の掲載が義務づけられ、貸借対照表（大会社は貸借対照表と損益計算書）の要旨ではなく、貸借対照表（大会社は貸借対照表と損益計算書）そのものを、掲載しなければなりません。
　また、大会社以外の会社の貸借対照表の公告には、当期純利益または当期純損失の金額を付記しなければなりません。
　大多数の中小企業の決算公告はなされていないのが現実ですが、「公告を怠ったときまたは不正の公告をした場合には、行政罰として100万円以下の過料に処する」と明記されています。

(11) その他の改正

11-1　内部統制システムの構築と開示

　大会社である取締役会設置会社においては、取締役会は「内部統制システムの構築に関する事項」を決定しなければなりません。

　会社法において明文化された内部統制システム構築に必要な体制は、次の6項目です。

---
① 情報の保存および管理に関する体制
② 損失の危険（リスク）の管理体制
③ 取締役の効率的な職務執行体制
④ 法令遵守（コンプライアンス）体制
⑤ 企業集団における業務の適正を確保する体制
⑥ 監査役監査にかかる実効性を確保する体制

　これらの内部統制システムの体制を整備するための方針を取締役会で決議し、その決定などの内容を事業報告で開示する必要があります。

11-2　事業報告

　旧商法での「営業報告書」は「事業報告」に用語が変更されました。商法での営業報告書は計算書類に含まれていましたが、会社法において事業報告は計算書類に含まれません。また事業報告とその附属明細書は、監査役または監査役会の監査は必要ですが、会計監査人の監査対象ではありません。

11-3　役員賞与の取り扱い

　会社法では、役員に対する賞与は役員報酬と同じように、「職務執行の対価」として費用処理するのが原則となりました。

　会計的には、役員賞与が発生した事業年度の費用として処理します。

そのため従来の実務処理のように、定時株主総会の承認決議を経て役員賞与を支給する場合には、決算期末において役員賞与引当金(やくいんしょうよひきあてきん)に計上しておき、実際に役員賞与を支給する日には、その引当金を取り崩す会計処理が必要となります。

（決算時）	役員賞与引当金繰入額	／	役員賞与引当金
（支給日）	役員賞与引当金	／	現預金

　一方、通常の役員報酬限度額のなかに役員賞与も含めておき、その限度内で支給する場合には、その支給日に費用処理をします（こちらが原則処理）。

（支給日）	役員報酬（役員賞与）	／	現預金

11-4　会計監査人設置会社の計算書類等の監査

　計算書類（貸借対照表、損益計算書、株主資本等変動計算書、注記表）とその附属明細書については、監査役と会計監査人の双方の監査が必要です。一方、事業報告とその附属明細書については、監査役の監査のみ必要です。

11-5　計算書類にかかる株主総会の承認の省略

　「会計監査人設置会社」では、会計監査人の監査報告書が「無限定適正意見(むげんていてきせいいけん)」であり、監査役会の監査報告書に会計監査人の監査の方法・結果が相当でないと認める意見がない場合などの要件を満たす取締役会の承認を受けた計算書類については、計算書類にかかる株主総会の承認を省略することができます。

　この場合には、取締役会の決議によって計算書類は確定し、計算書類の内容は株主総会への報告事項となります。

計算書類等の作成から確定まで

計算書類等の作成
計算書類、事業報告、附属明細書を作成

↓

監　査

① 会計監査人設置会社
　　監査役の監査……計算書類等（注①）
　　会計監査人の監査……計算書類および附属明細書
② 会計監査人設置会社以外の監査役設置会社と会計監査業務権限のみの監査役を置く会社
　　監査役の監査……計算書類等
③ 監査役を設置しない会社……監査なし

↓

取締役会の承認および株主への提供

① 取締役会設置会社……招集通知に次の書類を添付
　　監査を受けた計算書類等 ＋ 事業報告
② 取締役会を設置しない会社……招集通知に添付不要

↓

定時株主総会への提供
所定の監査と取締役会の承認を受けた計算書類および事業報告を定時株主総会へ提供

↓

定時株主総会の承認
定時株主総会において計算書類を「承認」（注②）
事業報告の内容については「報告」

> 注　① 計算書類等……計算書類（貸借対照表、損益計算書、株主資本等変動計算書、注記表）および事業報告ならびにこれらの附属明細書
> 　　② 会計監査人設置会社については、一定の場合には、定時株主総会の承認を省略することができ、報告事項となる

2　決算書と計算書類と財務諸表

「計算書類」と「決算書」と「財務諸表」

　会社法では、貸借対照表、損益計算書と株主資本等変動計算書に、注記表をあわせて、「計算書類」と定義しています。
　このうち「貸借対照表」と「損益計算書」そして「株主資本等変動計算書」を総称して、「決算書」と呼ばれています。
　証券取引法においては、貸借対照表、損益計算書、株主資本等変動計算書に、キャッシュフロー計算書、附属明細表をあわせて「財務諸表」と呼んでいます。証券取引法では、製造業は当期製品製造原価の内訳を記載した明細書としての「製造原価報告書」（Cost Report、略してC/R）を作成して損益計算書に添付しなければなりません。
　製造原価報告書とは、損益計算書のなかの売上原価の明細書として、製品を製造するために工場で消費した原価についての報告書です。
　これらの財務に関する書類、いわゆる決算書は、決算作業の結果として作成される書類です。
　決算とは、期末日における財産状況（資産・負債・純資産）を調査し、経営成績（収益・費用）を計算して決算書を作成する作業です。
　すべての会社は1年以内の事業年度ごとに決算書を作成し、経営成績を報告する義務を負っているのです。
　会社法では、「株式会社は各事業年度にかかる計算書類（貸借対照表、損益計算書、株主資本等変動計算書、注記表）および事業報告ならびにこれらの附属明細書を作成し、作成したときから10年間その計算書類およびその附属明細書を保存しなければならない」とされています。

計算書類等

計算書類

貸借対照表＝B/S（Balance Sheet）：期末日における財産表
損益計算書＝P/L（Profit＆Loss statement）：一事業年度の経営成績表
株主資本等変動計算書：一事業年度の純資産の部の増減明細書
注記表

------- 事業報告 -------
附属明細書

事業報告に記載する事項（株式譲渡制限会社は①、②）
① 株式会社の状況に関する重要な事項
② 内部統制システムについての決定等の内容
③ 株式会社の現況（困難な場合を除き、部門別に区別）に関する事項
④ 株式会社の役員に関する事項
⑤ 株式会社の株式に関する事項
⑥ 株式会社の新株予約権等に関する事項

計算書類に関する附属明細書に表示する事項
（株式譲渡制限会社は①、②、③）
① 有形固定資産および無形固定資産の明細
② 引当金の明細
③ 販売費および一般管理費の明細
④ 関連当事者との取引に関する注記において、会計監査人設置会社以外の株式会社が注記を省略した事項

図 1-6 会社が作成する財務に関する書類

3 貸借対照表の基本的なしくみ

貸借対照表で「財政状態」がわかる

「貸借対照表」とは、一定時点における会社の「財政状態」を表わす書類です。貸借対照表での一定時点とは、基本的には事業年度の末日(決算日)をいいます。

ただし、四半期決算や中間決算など事業年度の途中において貸借対照表を作成する場合には、その計算期間の末日における財政状態を表わします。このような財政状態を集計して報告する日を「貸借対照表日」といいます。

貸借対照表日において、会社が所有するプラスの財産(資産)の額と、返済義務のあるマイナス財産(負債)、それらの差額である「純資産」の額がいくらあるかを表示する書類が、貸借対照表です。

つまり貸借対照表とは、決算日における会社のすべての財産の残高(Balance)表なのです。

また資産の額は、負債と純資産の合計額と同額であり、左右の金額が一致(バランス)します。そのため貸借対照表は、バランスシート(Balance Sheet、略してB/S)と呼ばれています。

貸借対照表を要約すれば、「資産の部」(プラスの財産)と「負債の部」(マイナスの財産)そして、「純資産の部」(元手と儲けの蓄積)の3つの要素から構成される会社の財産表といえます。

貸借対照表を見れば、「どれほどの資産を保有して商売をしているか」「借金が多すぎないか」「すべての資産を売却して負債を返済したならば差額の純資産はいくら手許に残るか」といったことが読み取れます。

貸借対照表（B/S）

平成○2年3月31日現在 ← この日の財政状態

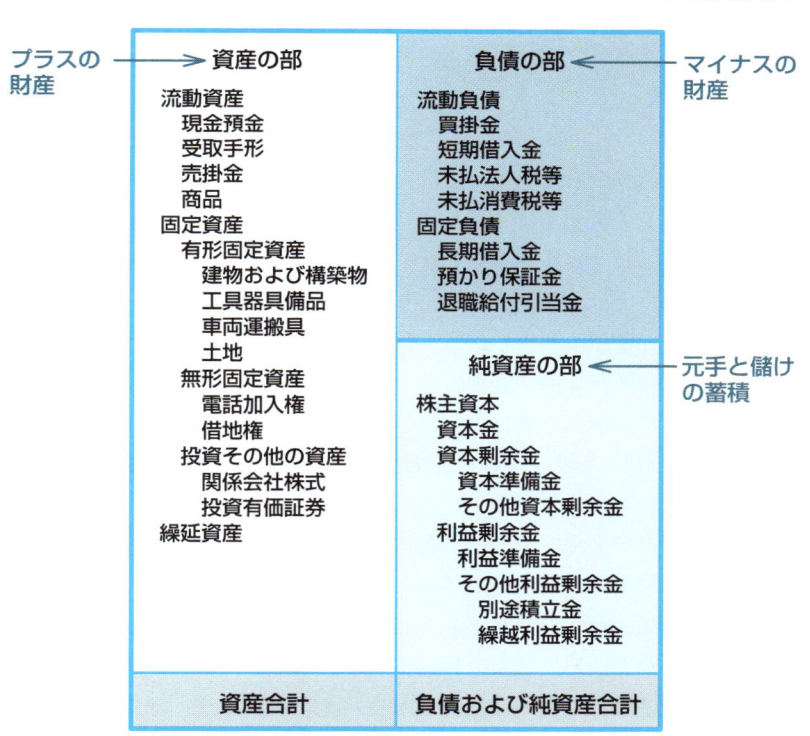

プラスの財産 → **資産の部**

負債の部 ← マイナスの財産

流動資産
　現金預金
　受取手形
　売掛金
　商品
固定資産
　有形固定資産
　　建物および構築物
　　工具器具備品
　　車両運搬具
　　土地
　無形固定資産
　　電話加入権
　　借地権
　投資その他の資産
　　関係会社株式
　　投資有価証券
繰延資産

流動負債
　買掛金
　短期借入金
　未払法人税等
　未払消費税等
固定負債
　長期借入金
　預かり保証金
　退職給付引当金

純資産の部 ← 元手と儲けの蓄積

株主資本
　資本金
　資本剰余金
　　資本準備金
　　その他資本剰余金
　利益剰余金
　　利益準備金
　　その他利益剰余金
　　　別途積立金
　　　繰越利益剰余金

資産合計 ／ **負債および純資産合計**

注 貸借対照表（Balance Sheet、略してB/S）は、一定の日における会社の財産表
　　純資産の部の「評価・換算差額等」と「新株予約権」については省略

図1-7 貸借対照表に記載する内容

4 株主資本等変動計算書の中身

株主資本等変動計算書とは純資産の増減明細書

　「株主資本等変動計算書」は会社法で創設された新しい計算書類です。株主資本等変動計算書により、貸借対照表の「純資産の部」の1事業年度中の変動額と変動事由があきらかになります。

　図1-8のとおり、株主資本等変動計算書は、前期末の貸借対照表と当期末の貸借対照表の純資産の部をつなぐ計算書類といえます。

　株主資本「等」変動計算書と「等」がついているのは、「株主資本」以外の項目として「評価・換算差額等」と「新株予約権」の増減についても記載するためです。

　貸借対照表の純資産の部に、評価・換算差額等や新株予約権などがなければ、株主資本の増減だけの明細書となります。

　純資産の部のうち株主資本（資本金、資本剰余金、利益剰余金および自己株式）の当期変動額については、変動結果を純額表示するのではなく、各変動事由ごとに変動額および変動事由をあきらかにする必要があります。

　また、株主資本のなかの資本剰余金は、資本準備金とその他資本剰余金に区分し、利益剰余金は、利益準備金とその他利益剰余金に区分して、それぞれの変動の明細を記載しなければなりません。

　結果として、株主資本等変動計算書では、資本金、資本剰余金、その他資本剰余金、利益準備金、その他利益剰余金および自己株式にかかる項目については、それぞれの前期末残高、各変動事由ごとの当期変動額および当期末残高があきらかにされます。

　たとえば株主資本が増減する事由には、新株の発行（増資）や剰余金の配当、当期純利益、自己株式の買い取りまたは消却などがあります。

　評価・換算差額等および新株予約権にかかる項目は、それぞれ前期末残高と当期末残高をあきらかにし、当期変動額は純額で表示してかまいません。

株主資本等変動計算書

		前期末残高	当期変動額					合計	当期末残高
			新株発行	剰余金の配当	当期純利益	自己株式処分	株主資本以外の変動額		
株主資本	資本金	×××	××					×××	×××
	資本剰余金 資本準備金 その他資本剰余金	××× ××× ×××							××× ××× ×××
	資本剰余金合計	×××							×××
	利益剰余金 利益準備金 その他利益剰余金	××× ××× ×××		×× △××	×××			×× ×××	××× ××× ×××
	利益剰余金合計	×××		△××	×××			×××	×××
	自己株式	△××				××		××	△××
株主資本合計		×××	××	△××	×××	××		×××	×××
評価・換算差額等		×××					×××	×××	×××
新株予約権		×××					×××	×××	×××
純資産合計		×××	××	△××	×××	××	×××	×××	×××

前期末B/Sの純資産合計

当期末B/Sの純資産合計

株主資本のなかの資本剰余金は、「資本準備金」と「その他資本剰余金」に区分し、利益剰余金は、「利益準備金」と「その他利益剰余金」に区分して表示する

株主資本(資本金、資本剰余金、利益剰余金および自己株式)にかかる項目は、前期末残高、当期変動額および当期末残高をあきらかにし、当期変動額は各変動事由ごとに金額および変動事由をあきらかにしなければならない

図1-8 株主資本等変動計算書の中身

5 損益計算書の基本的なしくみ

損益計算書に含まれる「収益」と「費用」

　損益計算書とは、会社の稼ぎ方（収益）と稼ぐための工夫や犠牲のコスト（費用）を一覧にした計算書類であり、1事業年度中の経営成果を表わす書類です。

　損益計算書の収益と費用は、「発生主義」により、発生の事実に基づき、その発生した期間の計算に含めます。そして収益は「実現主義」の原則により、実現した収益のみ計上します。

　収益には、本業での「営業収益」、財務的な稼ぎである「営業外収益」、当期だけの臨時で巨額な「特別利益」の3つの種類があります。

　そして費用には、製品製造や商品仕入に関する「売上原価」、営業活動のために必要な「販売費および一般管理費」、財務的な費用としての「営業外費用」、当期だけの臨時で巨額な「特別損失」、そして、当期の所得に対する「法人税、住民税および事業税」という5つの種類があります。

　それぞれの収益と費用を対応させることにより、性質の異なる「売上総利益」「営業利益」「経常利益」「当期純利益」という4種類の「利益」が表示されます。

　損益計算書は、会社の経営活動で儲かる（Profit）項目と損する（Loss）項目の一覧表であるため、プロフィット＆ロスステートメント（Profit & Loss Statement、略してP/L）と呼ばれます。

　結果として、「儲かったのか」あるいは「損したのか」を表わす利益の計算明細書が損益計算書です。

発生主義

費用
- 売上原価
- 販売費および一般管理費
- 営業外費用
- 特別損失
- 法人税、住民税および事業税

↔ 個別対応
期間対応

実現主義

収益
- 売上高
- 営業外収益
- 特別利益

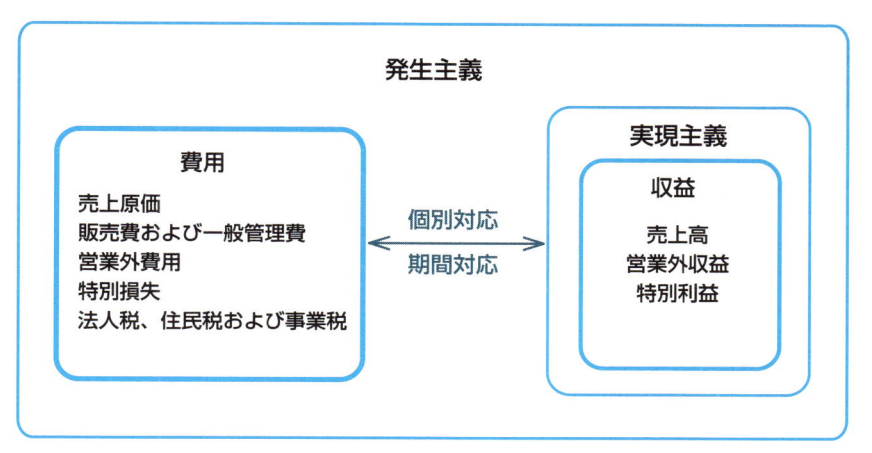

注 損益計算書では「収益」と「費用」を対応させて期間損益を計算する

損益計算書（P/L）

自平成○2年4月1日　至平成○3年3月31日

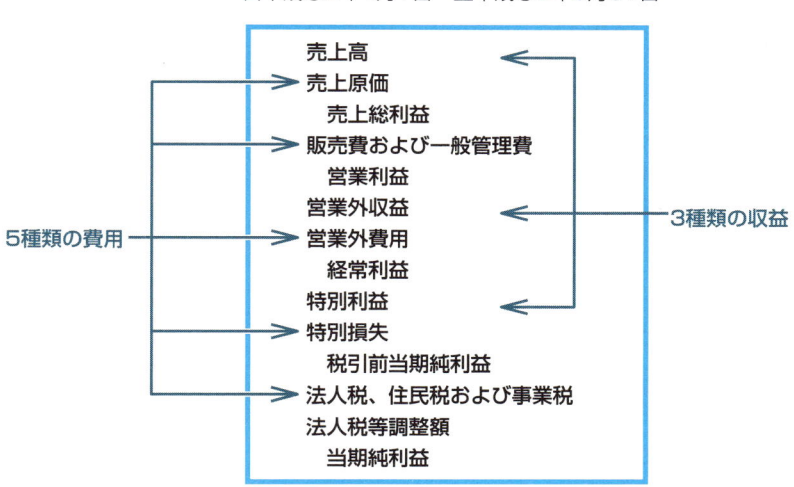

```
            売上高              ←┐
         → 売上原価               │
            売上総利益            │
         → 販売費および一般管理費  │
            営業利益              │
            営業外収益           ←│ 3種類の収益
5種類の費用 → 営業外費用            │
            経常利益              │
            特別利益           ←─┘
         → 特別損失
            税引前当期純利益
         → 法人税、住民税および事業税
            法人税等調整額
            当期純利益
```

図 1-9　損益計算書に含まれる「収益」と「費用」

6 その他の「会社法」の改正ポイント

新しい会社法って何？

会社法は、企業活動の基盤となる重要な法律です。会社の設立、組織、運営および管理について、ほかの法律に特別の定めがない場合には、会社法が定めるところによります。

新しい会社法では、P12〜27で取り上げた「計算書類」以外にも次のような重要な改正がなされています。

（1）会社種類の見直し

会社法における会社の種類は、以下の2つになります。

> ① 株式会社（会社法施行日前に設立された有限会社を含みます）
> ② 持分会社（合同会社・合資会社・合名会社）

会社法施行により有限会社制度が廃止されたため、今後は新たな有限会社を設立することはできません。すでに設立している有限会社については、引き続き「特例有限会社」として存続するか、または、定款を変更する決議をして「株式会社」への商号変更の登記をするかのいずれかを選択します。

特例有限会社には決算公告の義務が課せられないことと、役員の任期に制限がないことなどが、株式会社との大きな違いです。

（2）合同会社の創設（Limited Liability Company、略してLLC）

会社法において新たに認められる「有限責任社員」だけで構成される会社形態です。株式会社と異なり、機関設計や社員の権利内容に対する強行規定がなく、広く定款の自治に委ねられています。合同会社の内部関係について、原則として、全員一致で定款の変更そのほかのあり方が決定される「組合的

規律」を持ちます。たとえば、出資割合によらず事業貢献度合いにより配当を支払うことなども可能です。

（3） 会社設立時の規制緩和

① 最低資本金規制の撤廃

　株式会社設立に際して出資すべき額の下限額、いわゆる「最低資本金」の制限が廃止されました。ただし、最低資本金制度は廃止されましたが、株式会社の純資産額が300万円を下回る場合には、剰余金の配当を行うことはできません。

② 類似商号規制の廃止

　会社名と本店所在地について、同一市町村区域内で、同業種の類似商号を禁止するという登記制限が廃止されました。ただし、すでに登記されているほかの会社と同一の住所においては、その会社と同一の商号は使用できません。つまり、「同一住所」で「同一商号」でなければよいことになります。

③ 払込証明の簡素化

　株式会社の設立には、発起人が発行される株式の全額を引き受ける「発起設立」と、発起人以外の人からも株式を引き受けてくれる人を募集する「募集設立」があります。このうち、発起設立の場合における設立登記の際に、払込取扱機関への金銭の払い込みがあることの証明は、残高証明等の方法（預金通帳の写しなど）でもよいことになりました。

（4） 株式譲渡制限会社の「機関設計」の柔軟化

　会社法では、株式会社の機関設計について、最低限のルールを定める以外は、各株式会社が経営実態に応じて自由に選択できることとしています。機関とは会社経営の意思決定や業務執行、監督などを行う人または人の集まりをいいます。

　なかでも株式譲渡制限会社（公開会社でない会社）については、定款に定めることにより、以下のように柔軟な機関設計を選択できます。

① 法定の機関たる「取締役会」の設置を任意とできる
② 取締役の員数は1人以上でよい
③ 監査役の設置は義務づけられない
④ 取締役・監査役の任期は定款で最長「10年」まで伸長できる
⑤ 取締役・監査役の資格を定款で株主に限定することができる

(参考) 機関設計の「みなし規定」

　会社法では機関設計の選択肢が増えていますが、株式会社には会社法施行と同時に、所定の定款の規定と登記がなされたとする「みなし規定」があります。そのため、特に手続きをしない場合には、次に掲げる旧法の会社規模に応じた機関設計のままです。

　なお会社法では、中会社と小会社の会社区分はなくなり、「大会社」と「大会社以外の会社」という区分になっています。

旧商法での会社区分	会社法施行後の「みなし機関構成」
小会社（資本金1億円以下かつ負債総額200億円未満の会社）	株主総会、取締役、取締役会、監査役（会計監査権限のみ）
中会社（大会社および小会社以外の会社）	株主総会、取締役、取締役会、監査役
大会社（資本金5億円以上または負債総額200億円以上の会社）	株主総会、取締役、取締役会、監査役、監査役会、会計監査人
委員会設置会社	株主総会、取締役、取締役会、執行役、三委員会、会計監査人

(5) 株式に関する改正

① 株式の内容についての特別な定め

　発行する「全部の株式」の内容として、定款記載により、次の3つの特別の定めを置くことができます。この規定は株式の全部についての定めですが、これ以外に種類の異なる株式（一部の種類の株式に譲渡制限をつけるなど）

の発行もできます。

(イ) 譲渡制限株式		株式の譲渡による取得について承認を要する株式
(ロ) 取得請求権付株式		株主から会社に対して自己の有する株式を会社が取得するよう請求できる株式 ＝「株主」の権利
(ハ) 取得条項付株式		会社が一定の事由が生じたことを条件として株主の有する株式を取得できる株式 ＝「会社」の権利

ただし、(ハ)の定款規定には、株主全員の同意が必要です。

② 株主の権利についての特別な定め

株式譲渡制限会社では、次に掲げる株主の権利について「株主ごと」に異なる取り扱いを定款に定めることができます。

- (イ) 剰余金の配当を受ける権利
- (ロ) 残余財産の分配を受ける権利
- (ハ) 株主総会における議決権

ただし、(イ)と(ロ)の権利の全部を与えない定款規定は無効です。

③ 相続人等に対する売り渡し請求

株式会社は、定款に定めることにより、相続等により譲渡制限株式を取得した相続人に対して、株式を自社に売り渡すことを請求することができます。この規定により、相続や合併による株式の移転で、会社に好ましくない者が株主になることを排除することができます。

（6） 取締役会は書面決議でも可能

取締役会の決議の目的である事項について、取締役全員が書面または電磁

的記録による同意の意思表示をしたとき（監査役設置会社の場合に監査役がその提案に異議を述べたときを除きます）は可決したとみなす旨を定款で定めることができます。

従来、取締役会は実際に開催する必要があり、書面等による決議は認められていませんでしたが、書面や電磁的記録（電子メール）などによる決議も認められることになります。

（7）株主総会の開催場所

会社法では株主総会の招集地に関する制限が置かれていないため、開催地は自由に選択できます。ただし、株主の出席が困難な招集地を故意的に選択した場合などは、招集手続きが著しく不公正な場合として総会決議の取消事由となりえます。

なお、定款で株主総会の招集地を定めておくこともできます。

（8）取締役の解任に関する株主総会の決議

役員（取締役、会計参与、監査役）および会計監査人は、株主総会の「普通決議」で選任し、いつでも株主総会の「普通決議」（監査役の解任については特別決議）によって解任することができます。

取締役の解任について、旧商法では株主総会の特別決議事項でしたが、会社法では普通決議事項に変更されています。

ただし定款により、この要件を特別決議（あるいはそれより厳しい要件）に加重することも可能となっています。

なお「会計参与」とは、取締役と共同して計算書類およびその附属明細書、臨時計算書類ならびに連結計算書類を作成する会社の機関です。会計参与は、計算書類等の正確性を担保するために創設された機関で、公認会計士、監査法人、税理士または税理士法人でなければなりません。

第 **2** 章

決算書を
やさしく理解するコツ

1枚の図形「5つの箱」で決算書をマスターする
魔法のステップ

> 決算書も簿記も仕訳も資金繰りも、経理でぶつかるカベを突破するカギは、1枚の図形「5つの箱」にあります。「5つの箱」を完全マスターして、この章を読み終えたときには、決算書作成の流れと決算書読解の実力が身についているはずです。

1　1枚の図形で決算書を理解する

「5つの箱」がわかれば「決算書」がわかる理由

　決算書を読みこなすために、最初に、覚えていただきたい1枚の図形があります。それは「5つの箱」です。

　会社の規模の大小、業種・業態、社歴に関係なく、経理的な見方で会社経営を語るときの、キーワードはいつも「5つの箱」です。

　経理に開眼するのに10年かかってしまう人と、ほんの10分でコツをつかめる人との差は、最初に1枚の図形に出会えたかどうかです。

　会計、資金、仕訳、簿記、決算書といった経理のカベを突破するポイントは、1枚の図形「5つの箱」に凝縮されているのです。

5つの箱

資産	負債
	純資産
費用	収益

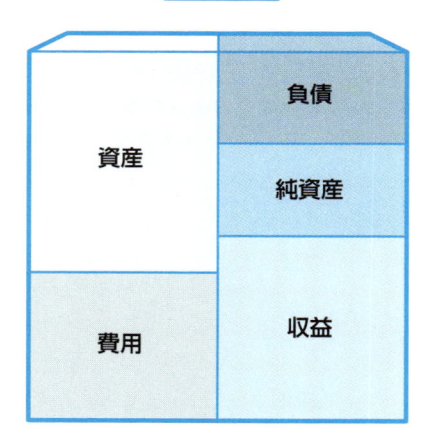

図2-1　まずは「5つの箱」からはじめよう

「5つの箱」の中身は何でしょう

「5つの箱」は、「資産」「負債」「純資産」「収益」「費用」という5要素から構成されます。

資　産	会社経営のために保有している価値のある「プラスの財産」
負　債	会社が負っている債務としての「マイナスの財産」
純資産	プラスの財産とマイナスの財産の差額(元手と儲けの蓄積)
収　益	会社の「稼ぎ方」(純資産を増加させる原因となる)
費　用	会社が稼ぐために「費やす財貨・用役」(原価・販売費・管理費・支払利息・損失など)

　会社の周りにある形のある物、形のない物、借りている物、会社で起こる出来事などは、これら資産・負債・純資産・収益・費用という5つの要素のいずれかに分類されます。決算書を構成する要素は「5つしかない！」のです。

　「5つの箱」の右側には、「お金の集め方」である負債・純資産・収益が表示され、左側には「お金の使い方」である資産と費用が表示されます。

　経理の世界では、右側を「貸方(かしかた)」、左側を「借方(かりかた)」と呼んでいますが、これは英語の「Credit（貸方）」と「Debit（借方）」の直訳です。まさに、「5つの箱」とは「お金の貸し借り」の一覧表なのです。

　ひとまず、難しい言葉はカットして、「右側」「左側」とだけイメージできれば大丈夫です！　右側の負債・純資産・収益を見れば、会社のお金の集め方に無理がないかどうか見抜けますし、左側の資産・費用を見ればお金の使い方にムダがないかをチェックできます。

　「5つの箱」は、決算書の大本となる書類でもあり、見方を変えれば「お金の集め方」と「お金の使い方」の一覧表であるともいえます。

　さらに、集めたお金と使っているお金は、いつの時点で見ても必ず同額なので、「5つの箱」の左右の合計金額は必ず一致します。

このポイントだけ押さえれば、「5つの箱」は決算書だけでなく、仕訳、簿記や資金繰りなどをやさしく理解するときのヒントにもなります。
　「5つの箱」は次ページ以降で詳しく解説していきます。

お金・預金・貸し付けたお金
回収する権利のある売上代金
売れ残り商品・株券・手付金
土地・設備・車両　など

支払う義務のある仕入代金
借り入れたお金・前受けした手付金
支払う義務のある税金

5つの箱

- プラスの財産
- マイナスの財産
- お金の使い方
- お金の集め方
- 稼ぐための工夫・犠牲のコスト
- 会社の稼ぎ方
- 元手と儲けの蓄積

資産 / 負債 / 純資産 / 費用 / 収益

左右の箱の高さは常に一致 ＝ いつの時点も集めたお金と使っているお金は同額

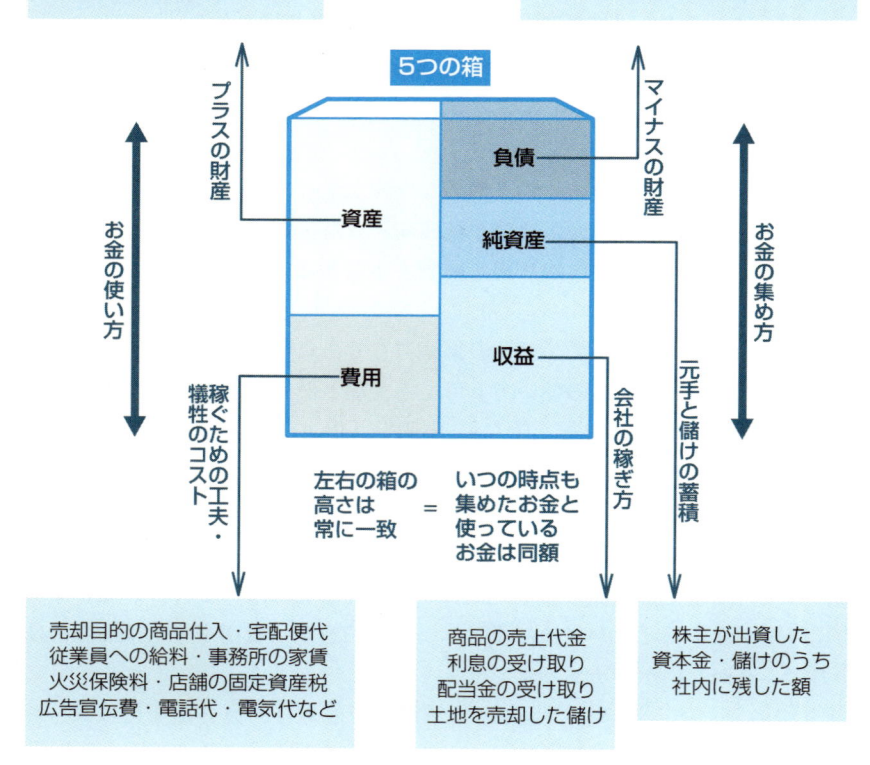

売却目的の商品仕入・宅配便代
従業員への給料・事務所の家賃
火災保険料・店舗の固定資産税
広告宣伝費・電話代・電気代など

商品の売上代金
利息の受け取り
配当金の受け取り
土地を売却した儲け

株主が出資した
資本金・儲けのうち
社内に残した額

図2-2「5つの箱」を理解しよう

2　会社の「プラスの財産」には何がある？

資産とは「プラスの財産」

会社経営のために保有している価値のあるプラスの財産を「資産」といいます。

資産には、現金、普通預金、当座預金、ツケで売った製品代金を回収する権利（売掛金）、商売のタネである製品、製品配達用の車両、製品を保管する倉庫、店舗、土地、事務所を借りる際の保証金などが含まれます。

資産とは会社名義である財産、会社に所有権のある財産だと考えてください。そのため、日常用語での財産とは少し意味が違っています。

たとえば、「人」は会社にとって大事な財産ですが、従業員は会社に所有権がないので、会計的な資産には含まれません。

また事業用の資産には、建物のような有形資産もあれば、特許権のように無形の資産も含まれます。

具体的な資産科目

決算書に登場する具体的な資産科目には、次のようなものがあります。

現　　金	硬貨・紙幣・他人が振出した小切手・郵便為替証書など
当座預金	手形や小切手の振出しを行う場合に開設する無利息の預金
普通預金	開設・解約ともに容易で流動性の高い預金
受取手形	商品や製品の売上代金として相手先から回収した手形
売掛金	商品や製品をツケ（＝掛け）で販売した場合の未回収の代金
未収入金	商品や製品以外の有価証券や土地売却などによる代金未回収部分

| 棚卸資産 | 商売のタネである商品・製品・原材料・仕掛品などの会計用語での総称 |

「棚卸資産(たなおろししさん)」とは、少なくとも年に1回の決算作業のときに、商品の陳列棚から卸して、「数」と「品質」をチェックすべき商売の基本となる資産をグループにして呼ぶ名称です。

実際には、卸売業者や小売業者では商品、製造業者は製品、半製品、仕掛品(しかかりひん)、原材料、建設業者では未成工事支出金(みせいこうじししゅつきん)という具体的な科目で記録します。

前渡金	商品を仕入れるための手付け金として支出した現金
立替金	従業員へ給料の前渡しや得意先に対する運賃などの一時的な立替金
建　物	本社ビル、工場建物、製品を保管するための倉庫など
車両運搬具	製品配達のために所有している軽トラック、営業用の自動車など
投資有価証券	上場会社の株式への投資額、国債、社債など
貸付金	金銭消費貸借契約書を作成してほかの会社などに貸し付けた現金

　これらの資産はビジネスにおけるお金の使い方（運用）です。お金そのものを金庫に保管しておくことも、あまり上手だとはいえませんが、ひとつのお金の使い方といえます。
　そしてお金以外の資産は、売却や回収、解約するまでは資金化されません。資産はプラスの財産であるとともに、お金が姿を変えたものであり、お金の使い方なのです。
　また固定資産には、時間の経過や使用により価値が減少（減価）する資産と、必ずしも価値の減少しない資産があります。
　事業に使用している固定資産のうち、時の経過にしたがい機能的にも物理的にも価値が減少する資産を「減価償却資産」といいます。減価償却資産には、有形資産と無形資産のほか、事業のために所有する牛や馬、豚、リンゴ

樹、ぶどう樹などの生物も含まれます。

減価償却資産の減価部分を費用に認識する手続きを「減価償却費」といいます。減価償却費の計算方法は第4章で詳しく見ていきます。

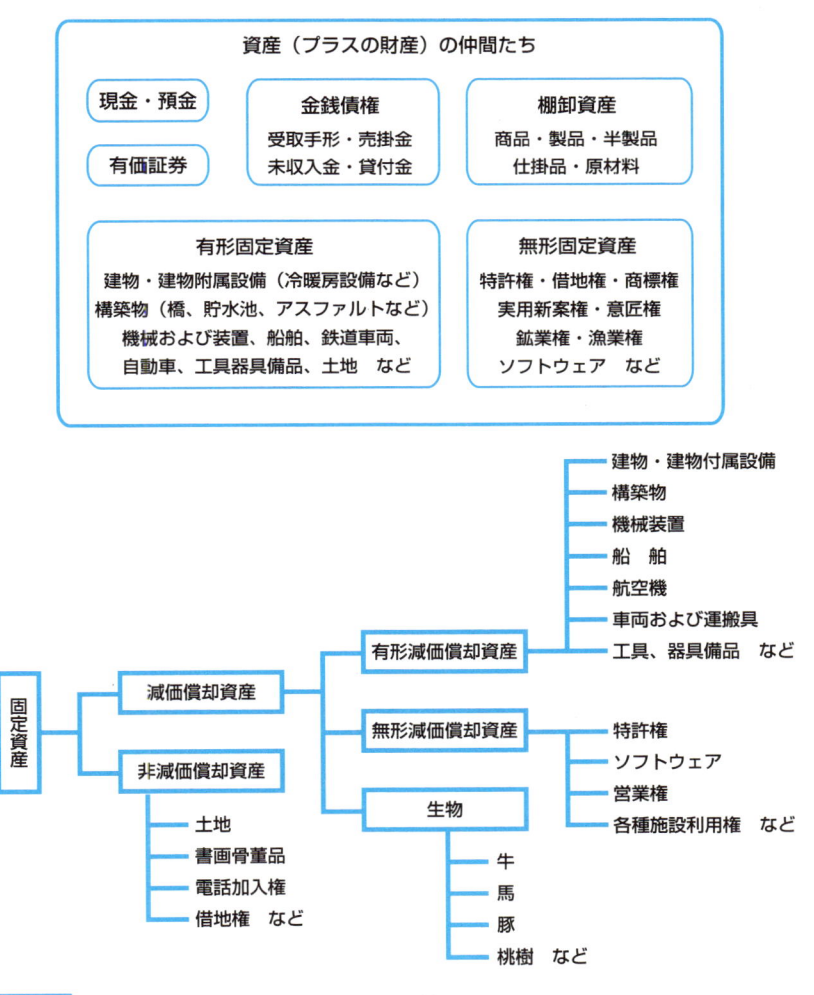

```
資産（プラスの財産）の仲間たち

現金・預金        金銭債権              棚卸資産
                 受取手形・売掛金       商品・製品・半製品
有価証券           未収入金・貸付金       仕掛品・原材料

有形固定資産                          無形固定資産
建物・建物附属設備（冷暖房設備など）      特許権・借地権・商標権
構築物（橋、貯水池、アスファルトなど）    実用新案権・意匠権
機械および装置、船舶、鉄道車両、         鉱業権・漁業権
自動車、工具器具備品、土地　など         ソフトウェア　など
```

```
固定資産
├─ 減価償却資産
│   ├─ 有形減価償却資産
│   │   ├─ 建物・建物付属設備
│   │   ├─ 構築物
│   │   ├─ 機械装置
│   │   ├─ 船舶
│   │   ├─ 航空機
│   │   ├─ 車両および運搬具
│   │   └─ 工具、器具備品　など
│   ├─ 無形減価償却資産
│   │   ├─ 特許権
│   │   ├─ ソフトウェア
│   │   ├─ 営業権
│   │   └─ 各種施設利用権　など
│   └─ 生物
│       ├─ 牛
│       ├─ 馬
│       ├─ 豚
│       └─ 桃樹　など
└─ 非減価償却資産
    ├─ 土地
    ├─ 書画骨董品
    ├─ 電話加入権
    └─ 借地権　など
```

図2-3 貸借対照表（B/S）の「資産」の仲間

3 会社には「マイナスの財産」もある

負債とは「マイナスの財産」

事業を営むうえで負っている債務を「負債」といいます。

負債は、「法律的な支払義務を負っている債務」と「正しい期間損益を計算するために、将来の費用または損失の発生に備えるための引当金」という2つに大きく区分することができます。

たとえば、銀行からの借入金や商品をツケ（＝掛け）で仕入れたときの未払部分（買掛金）などのマイナスの財産が負債です。手形を振り出すことで商品仕入代金を支払う約束をした債務は、支払手形という負債科目で記録します。

負債は返済したり支払うことにより、いずれお金が流出します。そのため、資産よりも負債が大きいようでは資金繰りに追われている会社といえます。負債のことを、他人から集めたお金（資本）という意味で、「他人資本」ともいいます。

具体的な負債科目

決算書に登場する具体的な負債科目には、次のようなものがあります。

支払手形	商品仕入のために約束手形を振り出したり、為替手形の引き受けをした債務
買掛金	商品、原材料など棚卸資産の購入代金の未払部分
未払金	商品および原材料など棚卸資産以外の有価証券や土地などの購入代金の未払部分
借入金	事業上の手形借入金、証書借入金、当座借越など
預り金	報酬・給料支払時に天引きして預かる源泉所得税や社会保険料など

前受金	商品の売買予約により納品前に相手先から受け取った手付金
未払消費税等	当期の消費税等の未払額（納付期限は期末後2カ月以内）
未払法人税等	当期の法人税・住民税・事業税の未払額（納付期限は期末後2カ月以内、申告期限の延長特例はありますが、延長期間には利子税などが課されます）
貸倒引当金	期末の受取手形、売掛金、貸付金の残高に対する回収不能見込額（資産の控除項目として表示します）
賞与引当金（未払賞与）	従業員に支給する賞与のうち期末までの期間に対応する金額
退職給付引当金	従業員の退職金のうち当期末時点で負担が見込まれる金額

　負債には借入金や買掛金のように、お金を集めた（貸してくれた）相手先がはっきり目に見えるものと、翌期に支払うべき賞与の支払義務や何年か先に支払う義務のある退職金の要支給額のように、目に見えにくいものがあります。しかし、いずれの負債も将来において会社の財布からお金が出ていく債務です。

　現時点では支払いを猶予してもらっているが、将来の会社の財政状態にマイナスの影響を与える可能性があるという意味で、負債とはお金の集め方でもあり、マイナスの財産なのです。

負債（マイナスの財産）の仲間たち

法律的な債務	引当金
支払手形・買掛金・前受金 未払金・借入金 未払法人税等 未払消費税等	貸倒引当金（資産の控除項目） 賞与引当金（未払賞与） 返品調整引当金 退職給付引当金

図2-4 貸借対照表（B/S）の「負債」の仲間

4 会社にとって「純額の財産」とは

　「純資産」とは、資産総額（プラスの財産）から負債総額（マイナスの財産）を控除した残額ですので、会社にとってまさに純額の財産です。

　会計用語で、純資産のことを「自己資本」ともいいます。自分自身が出したお金であるため、原則として返済不要です。

　純資産の中身で代表的なものには、ビジネスを開始したときの元手や株主から集めたお金である「資本金」と、儲け（利益）の蓄積である「利益剰余金」の2つがあります。つまり純資産は、株主に帰属する「資本」と、自社に帰属する「利益」に区分できるといえます。

　純資産が大きい会社は、創業から現在まで借入金などの負債に頼らず、返済不要の自分の資金で事業資金の調達を賄うとともに、利益を蓄積してきた会社ということです。

　逆に、純資産の箱が小さい会社は、他人の財布に依存した借金体質です。もしも、負債が資産よりも大きい場合は、すべての資産を資金化しても負債を返済できない債務超過の会社となります。

　会社法において株式会社の最低資本金に関する規制が撤廃されたとおり、資本金の大きさ自体は重要な意味を持っておらず、基本的には資本金の大小は会社の経営規模とはそれほど関係ないのです。

　最低資本金規制の撤廃により、資本金が0円の会社も存在可能ですが、純資産が300万円に達するまで配当金を支払うことは禁止されています。かつての有限会社の最低資本金をひとつの目安にして、まず300万円までは自社の内部留保に努めるべきであり、その程度の金額まで純資産を留保していない会社には、配当する資格はないという意味です。

　純資産のなかで重要なのは、資本金ではなく、むしろ利益剰余金の金額の大きさなのです。

第2章・決算書をやさしく理解するコツ

5つの箱

```
              負債
   資産        純資産
                        ┐当期純利益
   - - - - - - - - - - -┘
   費用        収益
```

プラスの財産 → 資産
負債 ← マイナスの財産
純資産 ← 元手と過年度の利益の蓄積
左右の箱の高さは一致

貸借対照表（B/S）

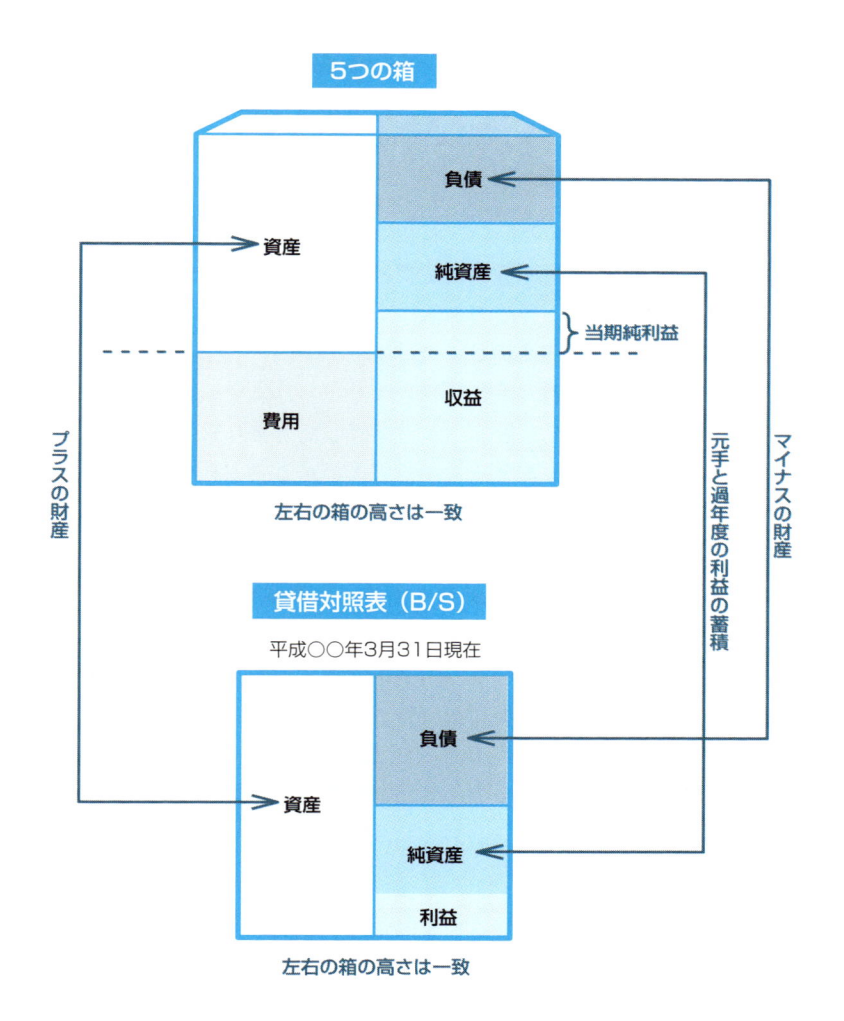

平成○○年3月31日現在

```
              負債
   資産        純資産
                利益
```

左右の箱の高さは一致

貸借対照表とは会社の「プラスの財産」「マイナスの財産」そして「純資産」を一覧にした会社の財産表

図2-5 「5つの箱」の上半分が「貸借対照表」（B/S）

5 会社の「稼ぎ方」を見る

収益とは会社成長の源

会社の稼ぎ方を「収益」といい、収益はその内容により「営業上の収益である売上高」「営業外収益」「特別利益」という3種類に区分されます。

「営業上の収益」とは、会社の定款に記載された本来の事業活動を行うことで当期中に実現した売上高です。売上高には商品や製品の売上高のほか、サービス（役務）提供対価、手数料収入などがあります。

次に、本業以外から会社が生み出す営業外収益もあります。

「営業外収益」とは、預貯金に対する果実である受取利息、外貨建取引から生じる為替差益、株式投資に対する果実である受取配当金のほか、作業くずの売却による少額の儲けなどです。

本来は、本業で稼ぐことが望まれますが、財務体質が健全である会社は、銀行預金や配当率の高い優良企業の株式を所有しているケースも多く、営業外損益の計算結果がプラスになり、本業を助けてくれる結果となります。

最後の収益グループは、特別利益（特別収益とはいいません）です。

「特別利益」とは、特別という名前のとおり、当期だけの異常・特別項目、投資有価証券売却益や固定資産売却益などです。

具体的な収益の科目

決算書においては、具体的に次のような収益科目で表示されます。

（営業上の収益）	売上高	商品・製品の顧客に対する売上
（営業外収益）	受取利息	預貯金・公社債に対する運用益である利息
	受取配当金	株主として出資したほかの会社から受け取る配当金

（特別利益）	為替差益	取得時と決算日または決済日の為替レート差による儲け
	投資有価証券売却益	投資有価証券の売却価額と帳簿価額の差額
	固定資産売却益	土地、車両運搬具、機械等を売却したときの売却価額と帳簿価額の差額
	償却債権取立益	倒産した得意先に対する売掛金で、すでに貸倒処理を行った金額の一部を受け取ったことによる利益

　営業外収益と特別利益はグループ名称であり、決算書では上記のような項目ごとに具体的な勘定科目で表示します。

　「収益」とは「お金の集め方」であり、「純資産を増加させる原因」となるものです。

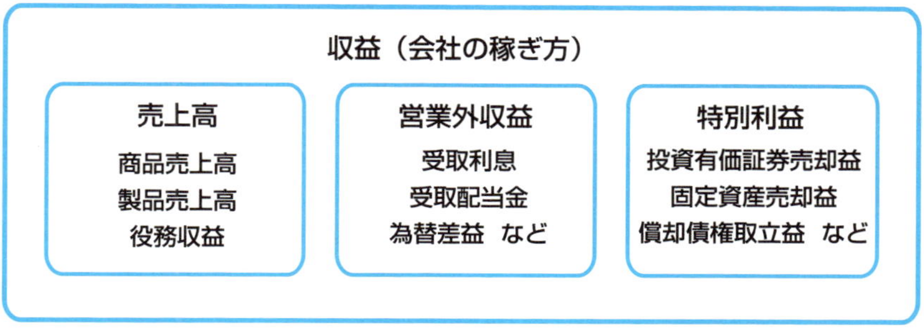

```
収益（会社の稼ぎ方）

売上高              営業外収益            特別利益
商品売上高           受取利息              投資有価証券売却益
製品売上高           受取配当金            固定資産売却益
役務収益             為替差益　など        償却債権取立益　など
```

図2-6 損益計算書（P/L）の「収益」の仲間

6 稼ぐために会社がすべきこと

費用とは費やす「財貨」や「用役」

　会社が収益を得るために必要とされる犠牲であり工夫のための支出を「費用」といいます。つまり、売上アップのために会社が費やす財貨や用役（サービス）が費用となります。

　その性質と内容に応じて、費用は決算書において「売上原価」「販売費および一般管理費」「営業外費用」「特別損失」、そして「法人税、住民税および事業税（法人税等）」の5種類に分類表示されます。

　商品を売るためには商品を仕入れることからはじまります。ですから売上原価が費用のトップバッターになります。

　「売上原価」とは事業年度中に売上計上した商品の仕入原価です。

　製造業は単に商品を仕入れて売るのではなく、原材料から仕入れて自社の工場で加工製造するか、外注加工先に製造を委託します。そのため、製造業では材料費、外注費、労務費および経費など、製造原価についての計算明細書である「製造原価報告書（Cost Report、略してC/R）」を作成して損益計算書に添付します。

　「販売費および一般管理費」は製品を販売したり会社を管理するための費用であり、「販管費」と略して呼称されます。販管費には、役員給与や商品を売ってくれるセールスマンへの給料、出張旅費、本社ビルの家賃、電気代、商品カタログの印刷代金などがあります。これらの販管費については、内訳書を作成して損益計算書に添付します。

　「営業外費用」には、財務上のコストである支払利息や為替差損、手形を割引に出したことによる手形売却損などが表示されます。

　「特別損失」とは、災害損失や前期損益修正損や固定資産売却損など、臨時かつ巨額な損失項目です。

　そして、会社が支払う法人税、住民税および事業税という税金を略して「法人税等」と呼称しています。

```
┌─────────────────────────────────────────────────────────────┐
│           費用（稼ぐための工夫・犠牲のコスト）                    │
│  ┌─────────────────────────────┐  ┌──────────────┐         │
│  │        売上原価              │  │  営業外費用   │         │
│  │  売上計上した製品・商品の原価  │  │   支払利息    │         │
│  └─────────────────────────────┘  │   為替差損    │         │
│                                    │   手形売却損  │         │
│  ┌─────────────────────────────┐  └──────────────┘         │
│  │      販売費および一般管理費    │                           │
│  │（販売費）営業担当者の給料手当、法定福利費、                  │
│  │         販売手数料・広告宣伝費・接待交際費、                 │
│  │         荷造運賃・旅費交通費・通信費  など                   │
│  │（管理費）役員給与、管理部門の給料手当、                      │
│  │         管理部門の法定福利費・事務所家賃、  ┌──────────────┐│
│  │         リース料・保険料・水道光熱費 など  │   特別損失   ││
│  └─────────────────────────────┘           │  前期損益修正損 ││
│                                              │   災害損失   ││
│  ┌─────────────────────────────┐           │  固定資産売却損││
│  │   法人税、住民税および事業税   │           └──────────────┘│
│  └─────────────────────────────┘                           │
└─────────────────────────────────────────────────────────────┘
```

図2-7 損益計算書（P/L）の「費用」の仲間

具体的な費用科目

　決算書では次のような具体的な科目で表現されます。ただし、費用については科目の使い方や区分の仕方は会社によって特徴があります。

（売上原価）	当期中に売上計上した商品の仕入原価または製品の製造原価。仕入れた商品がすべて売れたならば、仕入と売上原価は同額になります。
（販売費および一般管理費）	
給料手当	従業員に対する毎月の基本給・諸手当の支払額
役員給与	取締役および監査役への報酬と賞与の支払額

	賞　与	従業員への夏期賞与、冬期賞与、決算賞与など臨時の給与
	退職金	退職に基因して支払う一切の給与
	法定福利費	会社負担部分の厚生年金保険・健康保険・雇用保険の保険料や労災保険料など
	福利厚生費	従業員に対する慶弔見舞金、慰安、衛生、保健などの費用
	接待交際費	事業に関係のある得意先などへの接待、慰安、贈答などの費用
	会議費	社内会議および得意先などとの打合せ、代理店会議などの費用
	寄附金	事業に関係のない者に対する金銭または資産の贈与または時価より低い価額での資産譲渡など
	旅費交通費	通勤手当、出張旅費、日当、支度金等の支給
	広告宣伝費	カタログ制作・チラシ印刷代、不特定多数の者に社名や製品名を告知する費用
	売上割戻	販売価額または回収高に応じて支払う得意先へのリベート
	租税公課	固定資産税、印紙税、自動車税などの税金
	賃借料	コピー機や車両などのリース料
	地代家賃	本社や支店の家賃、駐車場の地代
	修繕費	壊れた部品の取り替えや資産の原状回復、機能維持のための修理費
	通信費	電話代、郵便切手代、葉書代
	消耗品費	事務用品や購入価額が少額な資産の購入代金
	水道光熱費	水道代、ガス代、電気代
	減価償却費	減価償却資産の価値減少部分を費用とみなして取得価額を減少させるとともに費用計上する金額
（営業外費用）		支払利息・手形売却損・為替差損
（特別損失）		前期損益修正損・災害損失・固定資産売却損
（法人税等）		法人税、法人住民税、事業税

これらの費用はそのほとんどが資金の流出を伴いますので、収益の獲得に貢献しない無駄な費用を削減しなければ赤字になってしまうと同時に、資金繰りも苦しくなります。

　費用とは、「お金の使い方」であり、「純資産を減少させる原因」なのです。

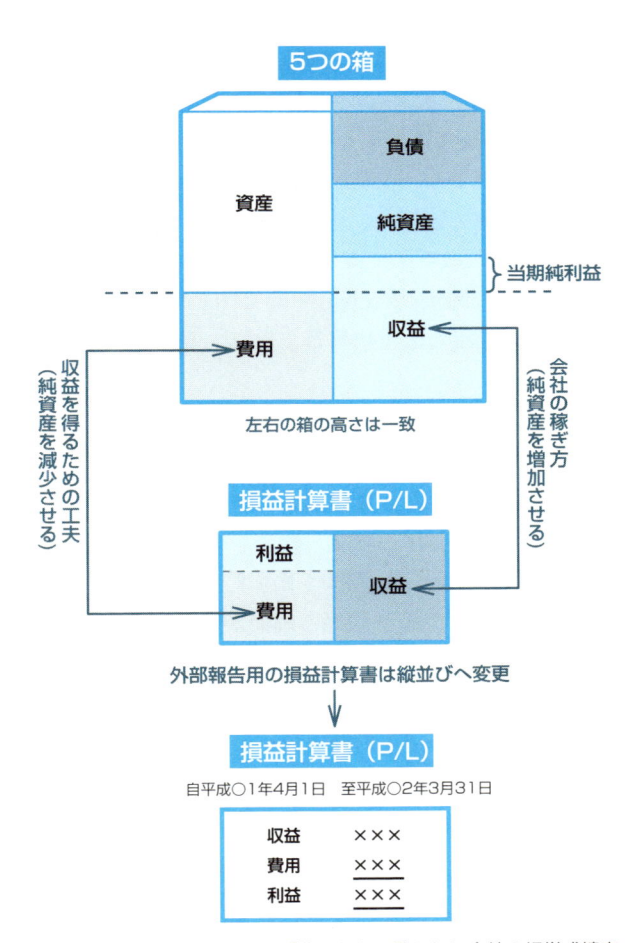

5つの箱

```
┌─────────────┬─────────────┐
│             │    負債      │
│    資産      ├─────────────┤
│             │    純資産    │
│             ├─────────────┤ } 当期純利益
│─ ─ ─ ─ ─ ─ ─│    収益      │←
│    費用      │             │
└─────────────┴─────────────┘
      左右の箱の高さは一致
```

収益を得るための工夫（純資産を減少させる）

会社の稼ぎ方（純資産を増加させる）

損益計算書（P/L）

```
┌─────────┬─────────┐
│  利益    │         │
│─ ─ ─ ─ ─│  収益    │←
│  費用    │         │
└─────────┴─────────┘
```

外部報告用の損益計算書は縦並びへ変更
↓

損益計算書（P/L）

自平成○1年4月1日　至平成○2年3月31日

収益	×××
費用	×××
利益	×××

損益計算書とは「収益」と「費用」を一覧にした会社の経営成績表

図2-8 「5つの箱」の下半分が「損益計算書」（P/L）

7　決算書の大本は「5つの箱」

決算書は「人類最高の発明＝仕訳」で作られる

　会社で起こるすべての会計的な出来事（＝取引といいます）は仕訳により帳簿記入されます。
　「仕訳」とは、会社で起こる取引を一定のルールにしたがって記録する技術をいいます。仕訳の結果を、現金出納帳や売上帳などの関連する帳簿に転記・集計する作業が「簿記」です。
　「簿記」とは、帳簿記入の略語であり、英語の「Book keeping」、すなわち帳簿（book）への日々の記帳（keeping）を意味しています。
　それらの帳簿の集計結果として決算書を作成・報告する作業を「決算」といいます。
　決算書は、すべての取引を仕訳した結果、期末日における財産状況（資産・負債・純資産）を調査し、1事業年度中の経営成績（収益・費用）を集計する年次決算作業のゴールとして作成されます。
　仕訳すべき会計的な取引とは、資産・負債・純資産・収益・費用の「5つの箱」の中身（勘定科目）が、金額的に増減する事象をいいます。
　会計的な取引には、必ず原因と結果の両面がありますので、会計帳簿は、二面（複式）で考えて仕訳します。この記録方法を「複式簿記」といいます。複式簿記では、会計上の取引を「原因」と「結果」の二面で捉えるため、ひとつの取引について必ず2つ以上の勘定科目が同時に増減します。
　仕訳による帳簿記入とは複式簿記の歴史でもあり、万国共通のテクニックとして500年の時を超えて語り継がれています。かの文豪ゲーテが「複式簿記は人類最高の発明」と絶賛したと伝えられるほどに、複式簿記による仕訳は合理的かつ有用なものであり、経済活動に不可欠なツールなのです。
　また資産・負債・純資産・収益・費用とは箱の名称であり、実際の仕訳は勘定科目で表現します。たとえば会社の本社ビルは「資産」という箱の仲間ですが、仕訳では「建物」という具体的な勘定科目名で記録します。

「5つの箱」を上下に分解すれば決算書のできあがり

　すべての取引は適切な勘定科目によって仕訳され、帳簿記入されたうえで決算書作成のために勘定科目ごとに集計されます。経理業務の集大成として、勘定科目ごとの集計結果を一覧にした書類が「5つの箱」なのです。

　そして、「5つの箱」を上下に分解すると決算書ができあがります。

　「5つの箱」の上半分が貸借対照表です。「貸借対照表」とは、プラスの財産（資産）、マイナスの財産（負債）、そして純資産をどれほど有しているかを表わす「会社の財産表」です。

　一方、「5つの箱」の下半分は損益計算書です。「損益計算書」は、収益と費用を一覧にした会社の「経営成績表」です。

　そして、「5つの箱」を上半分と下半分に切り分けるときにできる箱の高さの違いが当期純利益（儲け）です。「当期純利益」とは、1事業年度の経営活動の結果、費用を上回る収益を稼ぎ出したということでもあり、事業年度のはじまり（期首）の純資産と事業年度の終わり（期末）の純資産との差額でもあります。

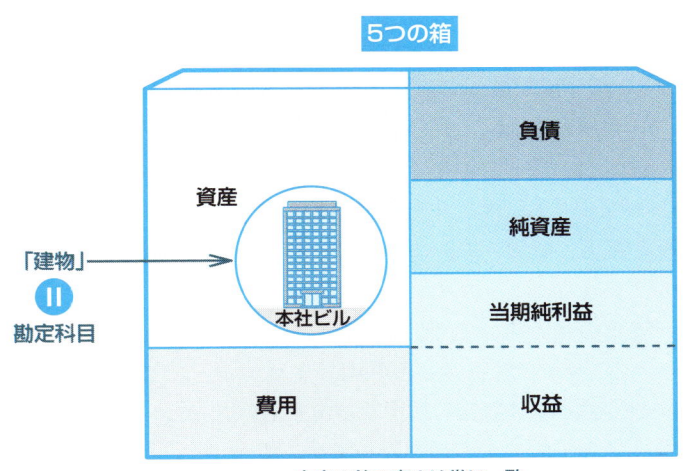

5つの箱

資産（「建物」＝勘定科目、本社ビル）	負債
	純資産
	当期純利益
費用	収益

左右の箱の高さは常に一致

8　決算書は「5つの箱」で作成できる

仕訳のルールも「5つの箱」にあり

　前節で学んだ「仕訳」を、「5つの箱」でやさしく理解するコツを見てみましょう。まず、前節でも解説したように「会社の出来事（＝取引）」とは、「5つの箱」の中身（勘定科目）が金額的に増減することです。そして、経理の世界において、会社で起こる取引は、必ず『原因』と『結果』の両面で捉えます。

　たとえば、手許の現金が理由もなく突然増えることはありえません。「お金の増加」という結果には、何かしら「お金を増やす原因」が存在するはずです。具体的なお金を増加させる原因には、「お客さまに商品を現金売りする（売上）」「銀行から現金を借りてくる（借入金）」などがあります。あるいは「株主に現金を出資してもらう（資本金）」などの原因によりお金が増えるわけです。

　このように、「経理では会社で起こるすべての取引を、原因と結果の両面で考えて仕訳」します。

　経理の技術である仕訳にアレルギーを感じる方も多いのですが、実はとても素直なルールです。前節で、「仕訳とは、会社で起こる取引を一定のルールにしたがって記録する技術」と説明しました。では「5つの箱」で考えてみると、「仕訳とは、ある科目が増加したら『5つの箱』の中身（勘定科目）を増やし、科目が減少すれば箱の中身（勘定科目）をマイナスする」ことになります。「複式簿記」ですから、ひとつの取引について同時に2つ以上の勘定科目が増減します。

　そして、仕訳をしたあとも「5つの箱」の左右の高さ（合計金額）は常に同額です。いかに業績が右肩上がりの好調な会社であっても、「5つの箱」について右側だけが高くなることはありません。

　ここは大切なポイントなので、繰り返します。

　なぜ、左右の高さは一致するのでしょうか？

「5つの箱」の右側はお金の集め方（調達）で、左側はお金の使い方（運用）であり、調達と運用はいつの時点も同額であるため「5つの箱」の左右の高さは一致するのです。

「仕訳」をゲーム感覚で考えてみよう

さて、資産の箱の中身が増えたとすると、左右の箱の高さが一致する仕訳の相手として、どのようなケースが考えられますか？

ひとつには、資産の箱の中身が増えると同時に、反対側の負債、純資産または収益のいずれかの箱の中身が増えるパターンです。左側の箱と右側の箱が同額ずつ増えれば高さは一致します。

あるいは、同じ資産の箱のなかでひとつの科目が増える代わりに、別の科目が減少することも考えられます。

または、資産の箱の中身が増えると同時に、費用の箱の中身の減少が起こった場合にも左右の箱の高さは一致します。反対に、資産の箱と費用の箱の中身が同時に増えて、左の箱だけが高くなるようなことは絶対に起こりえません。「5つの箱」の左右の高さ（合計金額）が一致しない仕訳は許されないのです。

「5つの箱」について、ポイントは下記のとおりです。

> それぞれ5つの要素（資産・負債・純資産・収益・費用）の左右の位置を覚える
>
> いつも「5つの箱」の左右の高さは一致する

この基本さえ押さえれば、経理の世界で迷子になることはありません。
まとめると、複式簿記のカナメである仕訳のルールは3つだけです。

> ルール①　増加・発生したときは「5つの箱」のなかでプラスする
>
> ルール②　減少・取り消したときは「5つの箱」からマイナスする
>
> ルール③　増減（仕訳）後も左右の箱の合計金額は必ず一致する

仕訳を書くときの注意点

　前項で仕訳のルールは3つだけと説明しましたが、ルール②については注意してほしいことがあります。それは、ある科目が減少すれば、その科目を「5つの箱」からマイナスするというのが本来の仕訳の意味ですが、仕訳を書くときには、減少した科目は左右の指定席の反対側に書きます。
　たとえば次の取引について、仕訳の書き方を考えてみます。
　　1．銀行から借り入れた100万円が普通預金へ振り込まれた
　　2．借入金のうち50万円を普通預金から返済した
　1．の取引では、普通預金（資産の箱）も増えて、借入金（負債の箱）も増えています。この場合は「普通預金100万円／借入金100万円」と素直に仕訳を書きます。仕訳のなかの「／」マークは、左側と右側の区分けという意味です。
　一方、2．の取引では普通預金（資産の箱）も減少し、借入金（負債の箱）も減少しています。このときの取引は、「普通預金△50万円／借入金△50万円」という意味であり、普通預金も借入金も減少しています。
　しかし、金額の前にマイナスをつけて仕訳を書くとわかりづらいこともあり、「減少したときには指定席の反対側に書く」のです。
　つまり、「借入金50万円／普通預金50万円」と書くことで、普通預金も借入金も減少したことを意味します。これは借入金が左側に動いたのでもなく、普通預金が右側に動いたわけでもありません。単に、減少した科目を指定席の反対側に書いているだけなのです。
　仕訳のルール②については、追加で下記のことを覚えてください。

　ルール②　減少・取り消したときは「5つの箱」からマイナスする
　　　　　　ただし、仕訳を書くときには反対側に書く

決算書作成の流れをマスターしよう

それでは、会社で起こった次のような出来事を「5つの箱」へ記入し、集計結果である「5つの箱」を上下に分解して、決算書が作成される流れを見てみましょう。仕訳のルールを押さえれば、決算書を見る力も格段にアップします。

決算書から正しい情報を読み取るために、下記のSampleを使って、次ページからのステップ順にゲーム感覚で「5つの箱」による仕訳と決算書作成の流れをいっしょに見ていきましょう。「5つの箱」を理解することで、あなたのこれからのビジネス人生は大きく変わります。必ず、ご自身で「5つの箱」の中身と動きを確認してください。

なお、仕訳について消費税等については考慮していません。

Sample	「5つの箱」で仕訳と決算書作成の流れを確認
取引①(会社設立)	現金300万円を元手に会社を設立する。
取引②(商品を仕入れよう)	取扱商品100万円を仕入れ、60万円は現金支払い、残額の40万円は翌月末支払い(ツケ仕入れ)の約束である。
取引③(広告宣伝をしよう)	商品販促用のチラシ印刷代10万円を現金で支払い、チラシを配布した。
取引④(商品が売れた!)	すべての商品を150万円で売却し、100万円は現金回収、残額の50万円は、翌月末回収(ツケ売り)の約束である。

ステップ1　勘定科目の増減で仕訳を記録する

　図表のステップ1は、①〜④の取引を「5つの箱」の中身（勘定科目）の増減により記録したものです。図表の「5つの箱」のなかの丸付数字が、それぞれの取引と対応しています。

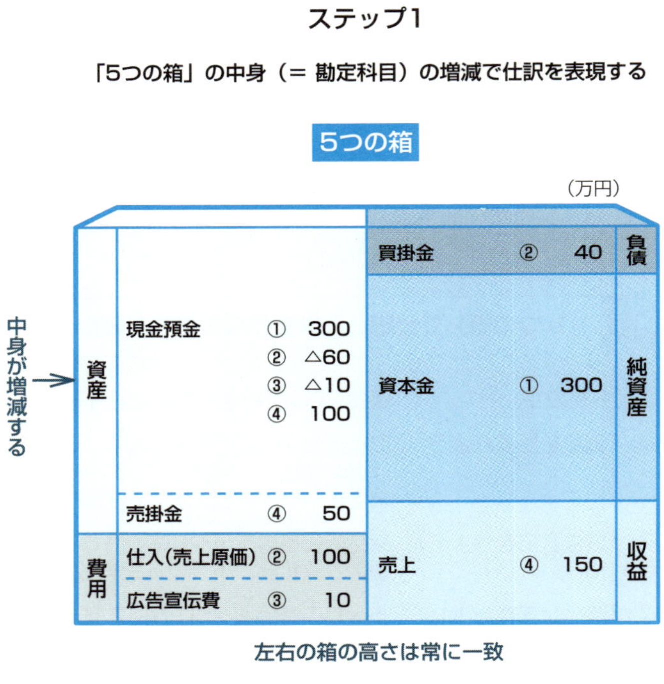

ステップ1

「5つの箱」の中身（＝勘定科目）の増減で仕訳を表現する

5つの箱

（万円）

			買掛金　②　40	負債
中身が増減する	資産	現金預金　①　300 　　　　　②　△60 　　　　　③　△10 　　　　　④　100	資本金　①　300	純資産
		売掛金　④　50		
	費用	仕入（売上原価）②　100 広告宣伝費　③　10	売上　④　150	収益

左右の箱の高さは常に一致

図2-9 「5つの箱」で決算書は作成される（ステップ1）

取引 ① 会社設立

| （仕訳 ①）現金預金 | 300万円／資本金 | 300万円 |

　すべての会社について、創業時や各事業年度の期首は「プラスの財産 ＝ マイナスの財産 ＋ 元手」からはじまります。経理的には「資産 ＝ 負債 ＋ 純資産」という「３つの箱」であり、左右の箱の高さは一致しています。

　「３つの箱」の左右のバランスで、「借金が多すぎないか？」または「純資産が大きく安定している」など、会社の財政状態を見抜けます。この会社は「現金300万円を元手」にしているので、「全部自分のお金で商売をはじめた」ことがわかります。

　会社の経営状況を、「お金の集め方」と「お金の使い方」の両面で捉えることが経理センスの第一歩です。ここでは、現預金が300万円増え、同時に資本金が300万円増えることで、左右の箱の高さは一致しています。

取引 ② 商品の仕入れ

| （仕訳 ②）仕入 | 100万円／現金預金 | 60万円 |
| | 買掛金 | 40万円 |

　資本金を普通預金に預け入れたままでは儲けることができません。稼ぐために商売のタネである「商品の仕入れ」という犠牲のコストを負担します。商品購入のために支払った現金60万円は商品が売れるまで取り戻せません。一方、ツケ（買掛金）による仕入代金は、その支払いを来月末まで待ってもらえる「お金の調達」方法です。

　仕入という費用（売るための犠牲のコスト）100万円の発生と同時に、手許の現金は60万円減少し、買掛金40万円が増加します。

　ここでも「５つの箱」の左右の箱の高さは一致していますよね。

取引 ③ 広告宣伝をしよう

（仕訳 ③）広告宣伝費　　10万円／現金預金　　10万円

　商品仕入に費やしたお金を取り戻すためには、お客さまに買ってもらわなければなりません。売るための工夫として、商品販促用のチラシを作成・配布します。
　広告宣伝費10万円が発生するとともに、手許の現金が10万円減少して、「5つの箱」の高さは一致します。

取引 ④ 商品が売れた！

（仕訳 ④）現金預金　　100万円／売上　　　　150万円
　　　　　売掛金　　　50万円

　チラシ広告の効果があり、すべての商品が売れました。
　売上代金のうち100万円はニコニコ現金回収ですが、残額の50万円は翌月末までお金にならない、ツケ売り（売掛金）です。
　資産の箱の現金が100万円、売掛金が50万円増えると同時に、収益の箱の売上高が150万円増えることで、左右の箱の高さは一致します。

Summary　仕訳のルールを、もう一度復習

　仕訳とは、増加すれば箱の中身（勘定科目）をプラスし、減少すれば箱の中身（勘定科目）をマイナスすることです。

　図2-9の事例のように、左右の箱の中身が増減することもありますし、上下の箱の中身が増減することもあります。また、同じ箱の中身が増減することもあります。

　いずれの場合においても、増減後の「5つの箱」の左右の高さは、常に同額です。

ステップ2　増減後の「5つの箱」（残高試算表）を作成する

　会社では数多くの取引が起こりますから、事業年度の途中で多くの勘定科目が何度も増減します。期中における勘定科目ごとの増減の理由と内容は、「総勘定元帳」という帳簿に記録が残ります。

　しかしながら、最終的な決算書において報告すべき数字は、それぞれの勘定科目の期末残高です。たとえば現金は4回増減していますが、決算書に表示されるのは、期中に増減した結果である最終残高330万円です。決算書に表示・報告するのは、それぞれの勘定科目の1事業年度中の取引の結果である集計結果であり、期末日の最終残高なのです。

　そのため期中に2回以上登場して増減した科目は、最終的には残高がいくらであるのかを計算する必要があります。

　各勘定科目の最終残高を一覧表にした書類を「残高試算表」（Trial Balance sheet、略してT/B）といいます。残高試算表とは、まさに期末日における「5つの箱」です。残高試算表は左右の箱の合計金額が一致（P69の図2-10、ステップ2では490万円）しているか試算する検算表の役割を果たすとともに、決算書の大本ともなるのです。

　もしも残高試算表の左右の合計金額が一致しない場合には、仕訳や集計に誤りがあることになります。

ステップ3　「5つの箱」（残高試算表）を上下に分解する

　最後のステップとして、期末日の「5つの箱」である「残高試算表」を上下に分解して決算書を作成します。

　左側は資産と費用の境界線で、右側は純資産と収益の境界線で、残高試算表を上下に切り分けると決算書ができあがります（図2-10、ステップ2の「はさみ」のイメージ部分です）。

　上半分の資産・負債・純資産の3つの箱を一覧にした書類が「貸借対照表」であり、下半分の収益と費用の2つの箱を一覧にした書類が「損益計算書」です（図2-10、ステップ3の決算書の完成）。

そして「5つの箱」を上下に分解するときにできる左右の箱の高さの違いが、「当期純利益」です。

当期純利益を把握する方法には、2つの考え方があります。

ひとつは、「5つの箱」の下半分からの計算です。ビジネスの成果である売上高150万円から、成果を得るための犠牲のコスト110万円（＝ 売上原価100万円 ＋ 広告宣伝費10万円）を差し引き、当期純利益40万円を計算します。つまり、損益計算書の計算結果として、「利益 ＝ 収益 － 費用」というように儲けを計算する方法です。

なお、今回の事例では仕入れた商品がすべて売れたため、「仕入 ＝ 売上原価」となっています。仕入と売上原価の違いは、第3章で詳しく取り上げます。

40万円　＝　150万円　－（100万円 ＋ 10万円）
（利益）　　（収益）　　　　（費用）

もうひとつは、利益を期首と期末の純資産の額を膨らませる原因として捉え、「利益 ＝ 期末純資産 －（期首純資産 ＋ 剰余金の配当）」と計算する方法です。今回の事例は設立第1期の決算なので、期首は創業時となります。そのため、期首の純資産とは設立に際して出資した資本金の金額です。

40万円　＝　340万円　－（300万円　＋　0万円）
（利益）　（期末純資産）　（期首純資産）（剰余金の配当）

つまり、当期純利益40万円とは費用を上回る収益の額として損益計算書に計上された金額であり、その同額40万円が利益剰余金として貸借対照表の純資産の一部を構成します。

また、純資産の部については1事業年度中の増減明細書として、「株主資本等変動計算書」を作成します。

図2-10の事例は新しく設立した会社が初めて作成する決算書なので、損益

計算書の当期純利益40万円と貸借対照表の利益剰余金40万円が同額です。

もしもこの会社が次の事業年度も黒字であれば、翌期の純利益が貸借対照表の利益剰余金を積み増して、さらに純資産の額が大きくなります。仮に、翌期の損益計算書での純利益が50万円だとすると、翌期末の利益剰余金は90万円となります。

ステップ2
期末日の「5つの箱」(残高試算表) を作成する

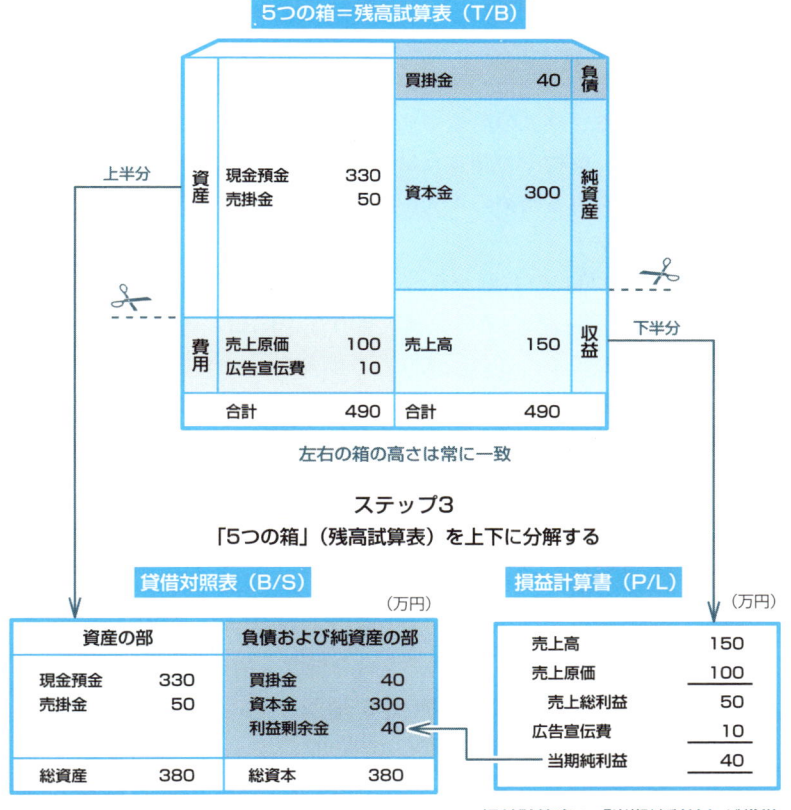

5つの箱＝残高試算表（T/B）

資産					
	現金預金	330	買掛金	40	負債
	売掛金	50	資本金	300	純資産
費用	売上原価	100	売上高	150	収益
	広告宣伝費	10			
	合計	490	合計	490	

左右の箱の高さは常に一致

ステップ3
「5つの箱」(残高試算表)を上下に分解する

貸借対照表（B/S） (万円)

資産の部		負債および純資産の部	
現金預金	330	買掛金	40
売掛金	50	資本金	300
		利益剰余金	40
総資産	380	総資本	380

損益計算書（P/L） (万円)

売上高	150
売上原価	100
売上総利益	50
広告宣伝費	10
当期純利益	40

損益計算書の「当期純利益」が貸借対照表の「利益剰余金」へ流れ込む

図2-10 「5つの箱」で決算書が作成できる（ステップ2・ステップ3）

9 お金を増やす取引と減らす取引

「5つの箱」でお金の流れがわかる

　会社の活動を表現する「5つの箱」は、決算書の大本でもあり、ビジネスに不可欠なお金の集め方と使い方の縮図でもあります。
　「5つの箱」の左側を見れば、お金の使い方にムダがないかどうか見えてきます。「5つの箱」の左側の資産と費用はお金の使い方であることを再確認してください。
　資産とは価値あるプラスの財産ですが、お金の使い方でありお金が姿を変えたものですから、解約や売却または回収をしないかぎりお金になって戻ってきません。収益を得るための工夫や犠牲のコストである費用もほとんどがお金の流出を伴います。
　反対に、「5つの箱」の右側からは、お金の集め方にムリがないかが見えてきます。「5つの箱」の右側の負債、純資産、収益の箱はお金の集め方であることを再確認してください。すなわち借金などマイナスの財産である負債と元手と儲けの蓄積である純資産、売上高などの収益はお金の調達です。
　ただし、収益についてはその全額がお金を増やす原因とはならないことに注意が必要です。実際にお金を増やす原因となるのは、収益から費用を控除した利益であり、利益は純資産の箱の一部を構成する要素でもあります。
　損益計算書とは収益と費用を区分ごとに一覧した「経営成績表」でもあり、「純資産の箱」の一部を構成する「利益の計算明細書」であるともいえます。

「5つの箱」でお金を増やす取引を理解する

　ビジネスは時間差があるにしても、最後はお金で決済されます。
　物々交換により商品で売り買いしないかぎり、いずれは商品の売上代金も現金で回収し、商品の仕入代金も現金で支払います。つまり会計的な取引の大半は、最終的にお金の増減を経るわけです。

会計的な取引がお金の増減という結果を伴い、「5つの箱」の左右の高さは一致というルールを考えると、左側のお金を増やすのは負債・純資産・収益という右側の箱が増えるか、お金以外の資産あるいは費用という左側の箱が減る取引だといえます。

　お金の位置が「5つの箱」の左側であることを再確認していただき、どのような取引が会社のお金を増やすか、または減少させるかをイメージでつかんでください。

　この感覚は、あとで取り上げるキャッシュフローの理解にも役立ちます。

会社経理の基礎 ⇔「5つの箱」

- プラスの財産 → 資産（お金）(↑)
- 負債 ← マイナスの財産
- 純資産 ← 元手と儲けの蓄積
- 利益 ← (↑) 純資産を増加させる
- 稼ぐための工夫・犠牲のコスト → 費用
- 収益 ← 会社の稼ぎ方

左右の箱の高さは一致

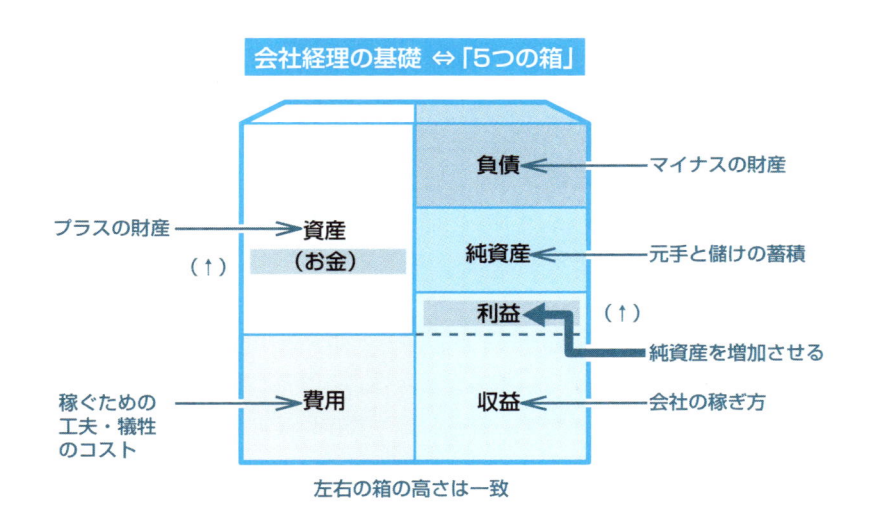

図2-11 「5つの箱」のお金と利益の位置を確認

10 理想的な「5つの箱」の動き方とは

「5つの箱」に表われる理想的な経営

　会社とは基本的に営利追求を目的として設立される団体ですから、利益が一番大切です。
　しかし、利益と同じくらいに、あるいはそれ以上に大切なものが「お金」です。赤字の会社がすぐに経営に行き詰まるとはかぎりませんが、お金の不足が続けば倒産してしまいます。
　そこでもう一度「5つの箱」（P71）を見てください。
　興味深いことに気づきませんか？
　会社経営にとって大事なお金と利益は、「5つの箱」のどこにあるでしょうか。
　そうです。「お金」は左の箱、「利益」は右の箱にあります。会社にとって大切なお金と経営成果である利益は反対！の位置にあるのです。
　「5つの箱」の左右の高さは常に同じというルールを思い出していただくと、会社にとって理想的な箱の動き方とは、右の箱にある利益も増えて、左の箱にあるお金も増えることです。つまり、「利益も計上しながらお金も残す」という経営です。

「粉飾」と「逆粉飾」と「5つの箱」

　ところが、利益は計上しているのにお金はいっこうに増えないこともあります。黒字なのにお金が不足する経営では「黒字倒産」を招きかねませんから、原因を見極める必要があります。このような会社では、お金以外の資産の箱の中身……代表的なものとして売掛金や在庫などが増えている可能性があります。あるいは意図的に、損益計算書で実態のない利益を仮装計上する「粉飾決算」(ふんしょくけっさん)をしているおそれもあります。
　反対にお金が増えているのに利益の計上額が少ない、または赤字の会社では、お金の流出しない費用をきっちり計上する節税決算を心がけているか、または業績を悪く見せようとする「逆粉飾決算」(ぎゃくふんしょくけっさん)をしているケースも考えら

れます。

　理想的な経営とは、前述したとおり「利益」も計上して「お金」を残す経営です。損益計算書での利益は、貸借対照表でのお金という裏づけをもったものであることが大切なのです。

　「5つの箱」のルールを理解することで、実は、決算書の真実を見抜くヒントもつかむことができるのです。

　最後に「5つの箱」で決算書作成の流れを理解するための確認テストとしてQuestion 1を用意しました。ぜひ、チャレンジしてみてください。Question 1の①〜⑨を順に、次ページのステップ1〜3の図のなかにすべて記入してください。

問題を解くステップ

Step1	「5つの箱」の中身（＝勘定科目）の増減で仕訳する
Step2	期末日の「5つの箱」（残高試算表）を作成する
Step3	「5つの箱」を上下に分解して決算書を作成する

Question 1　「5つの箱」で決算書作成の流れを追ってみよう

① 現金300万円を出資して株式会社を設立する。

② 取扱商品である事務机10台（単価：3万円）を現金にて仕入れる。

③ 取扱商品であるコピー機3台（単価：8万円）を掛けにて仕入れる。

④ 事務所の賃借料10万円を現金にて支払う。

⑤ 新聞の折り込みチラシを実施し、チラシ印刷代5万円を現金で支払う。

⑥ 上記②の事務机10台を50万円で掛けにて売り上げる。

⑦ 上記③のコピー機3台を50万円にて売り上げ、代金は現金にて回収した。

⑧ 電話応対の学生アルバイトに給料8万円を現金で支払う。

⑨ 今月分の自分に対する役員報酬を現金にて20万円支払う。

「5つの箱」と取引記録

(万円)

資産	現金預金	買掛金	負債
		資本金	純資産
	売掛金		
費用	仕入（売上原価）	売上高	収益
	給料手当		
	役員報酬		
	地代家賃		
	広告宣伝費		

ステップ1　「5つの箱」で取引記録を行う

期末日の「5つの箱」＝残高試算表

(万円)

資産	現金預金 売掛金	買掛金	負債
		資本金	純資産
費用	売上原価 給料手当 役員報酬 地代家賃 広告宣伝費	売上高	収益
合計		合計	

ステップ2　期末日の「5つの箱」を作成する

貸借対照表（B/S）

（万円）

資産の部	負債および純資産の部
現金預金	買掛金
売掛金	資本金
	利益剰余金
総資産	総資本

損益計算書（P/L）

（万円）

売上高
売上原価　　　　　_____
　売上総利益
給料手当
役員報酬
地代家賃
広告宣伝費　　　　_____
当期純利益　　　　_____

ステップ3　「5つの箱」を上下に分解する（決算書の作成）

Point !　「5つの箱」の図形（左右の箱の名前と位置）を理解してください。

会社の取引は「5つの箱」の中身（勘定科目）の増減により記録されます。

決算書は「5つの箱」を上下に分解することにより作成されます。

Answer 1 「5つの箱」で決算書作成の流れを追ってみよう

「5つの箱」と取引記録
(万円)

資産	現金預金					買掛金	③	24	負債
	① 300	② △30							
	④ △10	⑤ △5				資本金	①	300	純資産
	⑦ 50	⑧ △8							
	⑨ △20								
	売掛金	⑥ 50							
費用	仕入	②	30			売上高	⑥	50	収益
	(売上原価)	③	24				⑦	50	
	給料手当	⑧	8						
	役員報酬	⑨	20						
	地代家賃	④	10						
	広告宣伝費	⑤	5						

期末日の「5つの箱」＝残高試算表
(万円)

資産			買掛金	24	負債
	現金預金	277			
	売掛金	50	資本金	300	純資産
費用	売上原価	54	売上高	100	収益
	給料手当	8			
	役員報酬	20			
	地代家賃	10			
	広告宣伝費	5			
合計		424	合計	424	

貸借対照表（B/S）

(万円)

資産の部		負債および純資産の部	
現金預金	277	買掛金	24
売掛金	50	資本金	300
		利益剰余金	3
総資産	327	総資本	327

損益計算書（P/L）

(万円)

売上高	100
売上原価	54
売上総利益	46
給料手当	8
役員報酬	20
地代家賃	10
広告宣伝費	5
当期純利益	3

Column

決算書が読めると得する３つの理由 ①
株式投資で「買える株」を見抜く

　株式投資の目的は、所有期間に「配当金」を得ることであり、最終的には「売却益」を稼ぐことです。
　一般的に、現状の株式の配当利回りは、定期預金の利率より高いし、魅力的な「株主優待」制度に惹かれることもあります。
　うまくいけば、株式売却益は月給よりも多いかもしれません。
　でも……本来、株式投資とは、会社の将来と経営者の手腕に賭けることです。せっかく株式投資をするならば、会社の財務的な実態も見てみませんか？　１円の値上がりで、すぐネットから売注文のボタンをクリックする反射神経も大事ですが、本当に「買える株」を見極めてください。
　投資する会社の事業内容が社会的に意義のあるビジネスかどうか、財務の状況と業績が良好であるかを見ます。
　財務状況と業績は、すべて決算書の数字に表われます。
　少なくとも、売上高と利益の推移、自己資本比率、有利子負債の額、キャッシュフローの結果についてチェックしてから、大事なお金を投資してください。
　これらの決算書の数字の見方は、第３章以降で詳しく取り上げています。
　このほかに株式投資では、市場におけるその会社の株価に関連して使われる独特の言葉を押さえておきましょう。
　まず、「株価純資産倍率（Price Book-value Ratio、略してPBR）」です。
　「株価」とは市場が決めるその会社の値段であり、「純資産」とは貸借対照表の資産から負債を控除した純額の資産です。資産をすべて売り払って負債を返済したとして、手許に残る金額が純資産ですので、純資産

とは会社を清算したときの価値といえます。

　もしも株価純資産倍率が1倍であれば株価が清算価値と同額と見られているということです。会社の収益力が高く、財務状況も健全なのに株価純資産倍率が低く評価されているならば、お買い得の株式といえます。

　続いては、「株式時価総額」（＝株価×発行済株式総数）で、その時点での会社の価値（売値）を見ます。

　もしも第三者がその会社を買いたければ、時価総額に相当するお金を投じて、株式市場で株式を買い集めなければなりません。企業を買収するときの参考にもなる金額です。

　もちろん株主総会の特別決議に必要な株式数（原則として、議決権の3分の2以上）を所有していれば十分なので、すべての株式を購入する必要はありません。しかし株式時価総額が小さい会社は、少ない金額で買収されやすい会社といえます。

　株式時価総額は、会社がいくらで売れるのかという目安でもあり、時価総額をアップさせることを経営の目標にしている経営者もいます。

　しかし実態のない時価総額至上主義で破綻する会社に投資しないためには、その会社の決算書をしっかり見ることが大事です。

　最後は、「株価収益率（Price Earning Ratio、略してPER）」です。

　ひとつの目安として、株価収益率は20倍程度までが妥当とされていますので、言い方を換えると、「株価の20分の1程度の1株当たり利益を計上しているはず」ということです。

　もしも株価が2,000円の会社であれば、株価収益率20倍から逆算すると、妥当な「1株当たり利益」は100円ということになります。

Column

決算書が読めると得する3つの理由②
「数字」で語るビジネスパーソンになる

　決算書が読める人は、計数的に物事を考えることができる人です。
　「計数的に物事を考えること」とは、計算が早いとか分析能力が優れているという意味ではありません。「計数的なセンス」で会社の出来事を見る力をいいます。計数的なセンスは、ビジネスパーソンにとって必須の能力なのです。
　自分で起業したり、リーダーとして会社の部門を任される場合には、なおさら、計数的なセンスで経営を考える必要があります。
　計数的なセンスで経営を考えるためには、取引を「原因」と「結果」の両面で捉える簿記的なセンスで決算書を読めなければなりません。
　簿記や決算書をやさしく理解するコツが、この章で取り上げた1枚の図形「5つの箱」です。
　また資産の保有にはコストがかかり、利益を圧迫します。できるかぎり、小さい体で大きく稼げる「回転率の高い」経営が評価されます。
　回転率の高さは、貸借対照表の「総資産」を上手に活用して、損益計算書の「売上高」を稼いでいるかを見ます。
　そして、会社の永続的な発展のためには、「キャッシュフロー経営」を目指します。キャッシュフロー経営とは、目先の利益追求と資金繰りの安定だけでなく、将来の企業価値を高める経営をいいます。
　このような経営を心がけている会社の「キャッシュフロー計算書」を見れば、営業活動で獲得したお金を、投資活動と財務活動に有効に活用していることがわかります。
　会社の実力を見るためには、「計数的センス」を磨いて、決算書の数字を見てください。

第 3 章

会社の「財産状況」を見てみよう

貸借対照表を見る着眼点と
読みこなすステップ

> この章では会社の財産表である「貸借対照表」の表示ルールと読み方のポイントをつかんでいただきます。貸借対照表を構成する5つの要素「流動資産」「固定資産」「流動負債」「固定負債」「純資産」について、ヨコとタテのバランスにより資金繰り状況を見抜きましょう。

1 貸借対照表は左右のバランスでつかむ

貸借対照表も「5つの箱」です

「貸借対照表」は、一定の日における資産（プラスの財産）、負債（マイナスの財産）、純資産（元手と儲けの蓄積）の残高を、左右対称に一覧にした会社の「財産表」です。

貸借対照表とは会社の「お金の集め方」と「お金の使い方」の縮図であり、右側を見ればお金の集め方に無理がないか、左側からはお金の使い方にムダがないかどうかを判断できます。

個人生活でも「体が資本」と言ったりするように、「資本」とは、何かをはじめるための元手、よりどころとなるものであり、ビジネスでのお金の集め方を意味します。貸借対照表の右側の合計額は、資本の総合計ということで「総資本」と呼ばれます。

また集めたお金が具体的にどう使われているか、つまりお金の使い方が資産であり、貸借対照表の左側の合計額は、資産の総合計なので「総資産」といいます。

いつの時点も、集めたお金（総資本）と使っているお金（総資産）は同額であり、左右の金額は一致します。総資本と総資産は、必ず同額なのです。

先に見たとおり、貸借対照表は「5つの箱」の上半分である「資産」「負債」「純資産」の3つの箱で構成されます。

でも、実際に貸借対照表を作成する場合には、資産の箱を「流動資産」と「固定資産」に、負債の箱を「流動負債」と「固定負債」に区分するので、結果として「純資産」とあわせて5つの要素に区分して報告されます。

費用の効果を繰り延べる資産もある

実は、資産にはもうひとつ「繰延資産」という区分があります。

繰延資産とは、会社が支出した費用のうち、その費用の効果が翌期以降にもおよぶものをいいます。

しかし、繰延資産は特定の費用支出額の繰り延べによって生じた擬制資産であり、財産価値はありません。そのため会社法では、「繰延資産として計上することが適当であると認められるもの」についてのみ、繰延資産として区分して資産計上することができます。ただし、会社法において、具体的な繰延資産の中身は列挙されていませんので、企業会計原則および財務諸表規則などを参考にします。

　たとえば、「創立費」「開業費」「開発費」「社債発行費」などが繰延資産とされています。

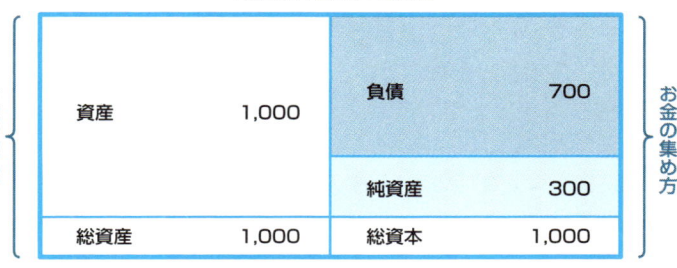

貸借対照表（B/S）
平成〇2年3月31日現在

お金の使い方
資産	1,000	負債	700
		純資産	300
総資産	1,000	総資本	1,000
お金の集め方

左右の箱の高さは常に一致

↓

貸借対照表（B/S）
平成〇2年3月31日現在

お金の使い方
流動資産	500	流動負債	400
		固定負債	300
固定資産	500	純資産	300
総資産	1,000	総資本	1,000
お金の集め方

左右の箱の高さは常に一致

図3-1「貸借対照表」の構成要素は「5つの箱」

また、繰延資産を資産として計上する場合には、繰延資産の金額はその効果のおよぶ一定の期間に配分して費用化（償却）しなければなりません。貸借対照表には、繰延資産の金額から償却累計額を直接控除した残高を繰延資産の金額として表示します。

　基本的には、貸借対照表の構成要素は「流動資産」「固定資産」「流動負債」「固定負債」「純資産」の5つであると理解しておいてください。

　貸借対照表も左右の高さが一致する「5つの箱」であるというところがポイントです。

貸借対照表の科目配列にはルールがある

　お金の集め方である右側は、「流動負債」⇒「固定負債」⇒「純資産」の順に表示し、お金の使い方である左側は、「流動資産」⇒「固定資産」の順に表示します。各項目の配列にもルールがあるのです。

　貸借対照表の表示は、左右それぞれに流動資産と流動負債を最初にもってきますので、「流動性配列法」といいます。電力会社やガス会社など特定業種の貸借対照表を除き、流動性配列法で表示されます。

　流動性配列法では、左側は資金化が容易な資産から表示され、右側は返済期限が早く到来する負債から表示します。その結果、資産は「現金」が一番上に表示され、負債は「支払手形」が一番上に記載されます。

　反対に、左側の資産の箱の一番下に表示されるのは、換金するのが難しい「投資その他の資産」、右側の一番下に表示されるのは、過年度の利益の蓄積であり、原則として返済する必要のない「利益剰余金」です。

　右側も左側も同じルールで表示されているので、左右の金額バランスを比較することにより、会社の資金繰り状況が見抜けるわけです。

　貸借対照表を読みこなすコツは、「5つの箱」に区分したうえで、ヨコとタテのバランスを見ることです。

　具体的には、貸借対照表を上半分と下半分に区切り、「流動資産」と「流動負債」の左右の箱の大きさのバランスで短期的な支払能力を見るとともに、「固定資産」と「固定負債」および「純資産」のバランスで長期的なお金の集め方と使い方の健全性を見ます。

また貸借対照表のタテのバランスでは、「純資産」の箱の大きさにより、お金の集め方が健全であるかどうかをつかみます。

「流動」と「固定」に区分する2つのルール

貸借対照表では、「正常営業循環基準（せいじょうえいぎょうじゅんかんきじゅん）」と「1年基準（ワン・イヤー・ルール）」という2つの基準にしたがって、資産と負債を流動と固定へ区分して表示します。

① 正常営業循環基準	正常な営業活動循環内にある資産と負債を流動資産と流動負債に表示するルール
② 1年基準	貸借対照表日の翌日から起算して、1年以内に回収期限が到来する資産を流動資産へ表示し、1年以内に返済期限が到来する負債を流動負債に表示する 反対に、1年を超えてしか資金を回収できない資産を固定資産へ表示し、返済期限が1年を超える負債を固定負債に表示するルール

①の「正常な営業活動」とは、「仕入れた商品または自社の工場で製造した製品を在庫として保管し、出荷することで売上計上したのちに、代金を無事に回収する」という業務の流れをいいます。

たとえば、商売の基本である商品・製品・仕掛品・原材料や、商品をツケで売ったときの未回収残高である受取手形、売掛金などが流動資産に表示されます。

反対に商品や原材料をツケで仕入れたことによる未払債務（みばらいさいむ）である支払手形、買掛金などが流動負債に表示されます。

いずれも、会社の事業目的を達成するための営業活動において、経常的または短期間に循環して発生する取引に基づいて増減する科目です。営業活動のなかで、日々金額が変動する資産科目と負債科目は、この正常営業循環基準が優先して適用されます。

②の１年基準においては、回収期限が１年以内である短期貸付金は流動資産に表示され、１年を超えてお金を貸し付ける長期貸付金は固定資産に表示します。

これらのほか、流動資産には商品や原材料などの購入代金の一部を手付け金として支払った前渡金、翌期分に対応する家賃や保険料などを前払いした金額で１年以内に費用となるべき前払費用などが含まれます。

固定資産の区分には、１年を超えてビジネスで使用する建物、構築物、機械および装置、土地、自動車、特許権、ソフトウェアや投資有価証券などが表示されます。

負債についても貸借対照表日の翌日から起算して、１年以内に返済期限が到来する負債を流動負債へ表示し、１年を超えて返済期限が到来する負債は固定負債に計上します。

そのため、負債のうち、翌期中に返済期限が到来する短期借入金、従業員の源泉所得税や社会保険料の一時的な預り金、資産購入にかかる未払金、諸経費の未払費用などは、すべて１年以内の支払いが予定されているので流動負債の区分に表示します。製品売上代金の一部を手付けとして前受けした前受金も流動負債です。

一方、固定負債とは、長期にわたり調達可能な他人資本（お金の集め方）です。たとえば、設備投資のための必要な資金を５年間の返済予定で借り入れた長期借入金は、固定負債に計上します。

ただし、長期借入金のうち、翌期中に元金の返済期日が到来する部分については「１年以内返済予定長期借入金」と科目名称を変えて、流動負債に区分表示するのが原則です。

これら２つの基準により、正常な営業活動循環内にある資産と負債、貸借対照表日の翌日から１年以内に回収期限が到来する資産と返済期限が到来する負債を「流動」区分に表示します。

結果として、おおむね１年以内に換金される流動性の高い資産は流動資産に表示され、１年を超えてビジネスに使用する有形固定資産、権利、投資目的の有価証券などは固定資産に表示されます。

貸借対照表（B/S）

平成○2年3月31日現在

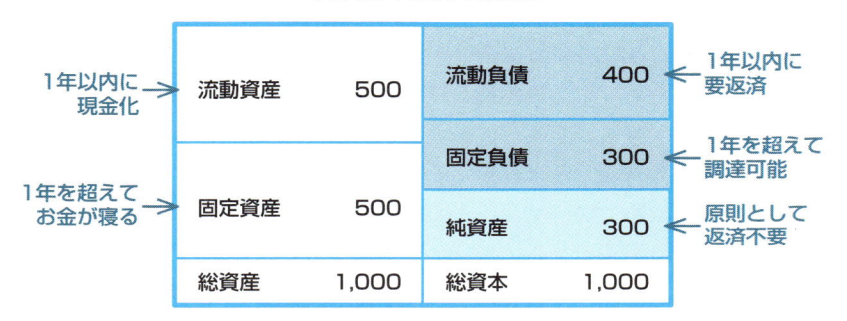

流動資産	500	流動負債	400
固定資産	500	固定負債	300
		純資産	300
総資産	1,000	総資本	1,000

- 流動資産 ← 1年以内に現金化
- 固定資産 ← 1年を超えてお金が寝る
- 流動負債 ← 1年以内に要返済
- 固定負債 ← 1年を超えて調達可能
- 純資産 ← 原則として返済不要

左右の箱の高さは常に一致

図3-2　B/Sは「ヨコ」と「タテ」のバランスをつかむ

　反対に、1年以内に返済する義務のある短期借入金や預り金、未払法人税等などは流動負債に表示され、1年を超えて調達が可能な長期借入金や社債などは固定負債に表示されます。

「流動」と「固定」の区分は大丈夫？

　とはいえ、流動と固定の区分には注意しておくべき点があります。

　たとえば「営業担当者が2年間回収していない売掛金は流動資産と固定資産のどちらに計上されるでしょうか？」

　また「2年以上売れ残っている商品は、流動資産と固定資産のどちらに表示されますか？」

　このような売掛金と商品あるいは買掛金のように、営業活動において経常的または短期間に循環して発生する取引にかかる資産や負債は、先に見た2つの基準のうち「正常営業循環基準」が優先して適用されます。

　つまり、会社がすぐに売却するつもりで仕入れた商品で、長期間売れ残っている不良在庫や1年を超えて回収していない売掛金などが、流動資産のなかに含まれている可能性もあるということです。

回収が遅れている売掛金や滞留在庫なども、正常な営業活動循環内にあるかぎり、流動資産に表示されます。

　反対に、商品や原材料等の仕入取引に関する支払手形や買掛金などのツケ（仕入債務）も、正常営業循環基準が優先して適用されますので、もしも1年以上支払いが遅れていても流動負債に計上します。

　流動資産のなかにも、1年以内にお金にならない流動性の低い資産が含まれている可能性のあることに注意する必要があります。

　ただし、1年以内に弁済を受けることができないことがあきらかな受取手形や売掛金は、破産債権、再生債権、更生債権等と科目名称を変えて、固定資産の「投資その他の資産」へ表示場所を移動させます。得意先の経営状態悪化などにより、焦げつきが確実である売上債権は、すでに正常な営業活動の循環からはずれているためです。

　まとめると、貸借対照表に計上する資産と負債は、「正常営業循環基準」と「1年基準」にしたがって、「流動」と「固定」に区分して表示されます。

　これら2つの基準により、正常な営業活動循環内にある資産と負債および貸借対照表日の翌日から1年以内に資金化する資産または1年以内に返済期限が到来する負債が「流動」区分に表示されます。

　このうち流動資産については、売上債権のなかに回収遅れの売掛金が含まれていないか、棚卸資産のなかに長期間売れ残っている商品がないか、特に注意しておく必要があります。会社経営にとって「売掛金」と「在庫」の質の高さは、とても大事な要素なのです。

2 貸借対照表から読み取る5つの情報

＜情報1＞ 総資本（＝総資産）で経営規模をつかむ

　貸借対照表は、一番下の数字、すなわち左右の合計額である総資本（＝総資産）の金額の大きさからチェックします。

　バランスシートと呼ばれているとおり、総資本の金額と総資産の金額は常に同額です。

　総資本とはお金の集め方の総額であり、総資産とは集めたお金が具体的にどのような形で運用されているかの総額です。そのため、総資本と総資産は会社の財務的な経営規模の大きさを表わしています。

　総資産の額が大きい会社は、多額のお金を投入してビジネスをしているということですから、経営のスケールも大きいことになります。しかし、総資産が大きいだけでは優良企業とはいえません。保有している総資産を有効に活用して多くの年商を稼ぎ出し、利益を計上することが大事です。

　小さい総資産で多くの年商を稼ぎ出す会社は、「ムダな資産を抱えないで、きっちり稼ぐ」効率的な経営を実践しているいい会社です。

　効率的な経営を実践しているかを判断するために、「総資産回転率」という重要な経営指標があります。

$$総資産回転率（回）＝\frac{売上高}{総資産}$$

　総資産回転率とは、年商で総資産（投資額）を何回、回収できたか、見方を変えれば、総資産の何倍の年商を稼いでいるかという意味です。

　お金のことを「御足」ともいいますが、お金が会社の周りを勢いよく回転しているほうが望ましく、基本的に、総資産回転率は「高いほどいい」経営指標になります。総資産を有効に活用して多くの年商を稼いでいる「回転率

の高い」会社が評価されることになります。
　貸借対照表の総資産で会社の経営規模を見るとともに、あわせて総資産回転率の高さも確認してください。

＜情報2＞ お金の集め方に無理はありませんか？

　続いては、貸借対照表の右側に表示されている負債と純資産の金額バランスにより、お金の集め方の健全性を見ます。
　会社がお金を集める方法には、他人から集める「負債」と、自分で出す「純資産」という2つの方法があります。
　負債とは、他人から集めたお金という意味で「他人資本」ともいいます。他人からお金を借りているのですから、負債には支払利息などのコスト負担が発生します。そのため、負債の額が大きい会社は金利などの負担が重く、企業体力を消耗することになります。
　純資産は、株主から集めた資本金や利益を蓄積した利益剰余金から構成されるので、会社（自分）のお金という意味で「自己資本」といいます。自己資本は原則として返済する必要がありませんから、安定したお金の集め方であるといえます。
　他人資本の金額よりも自己資本の金額が大きい会社は、借金に依存せず自分のお金で経営している財務的に安定した会社と見ることができるわけです。

＜情報3＞ 自己資本にもコストが必要!?

　自己資本は、株主が払い込んだ資本金、資本金へ組み入れなかった資本準備金、過年度の利益の蓄積である利益剰余金などです。
　自己資本は、株主に帰属する「資本」と自社に帰属する「利益」の2つに大きく区分されるわけです。
　原則として、自己資本とは返済する必要のないお金の集め方ですが、自己資本のうち資本金を払い込んでくれた株主に対しては配当金を支払わなければなりません。業績が芳しくなければ無配にすることも可能ですが、「毎年配当の支払いがない」ような会社には誰も出資してくれません。

自己資本といってもすべてが自社のお金なのではなく、株主が出してくれた資本金には「配当金支払」というコストが必要なのです。しかも支払配当金は費用ではなく、法人税等を支払った残りのお金から支払います。一方、借入金に対する支払利息は損益計算書の費用になります。税金負担を考慮に入れると、支払配当のほうが支払利息よりも高コストといえます。

　自己資本のなかで、お金を集めるコストがまったく不要なのは「利益剰余金」です。利益を上げることがいかに大切かということにつながります。

＜情報４＞ 流動資産は１年以内にお金になりますか？

　流動資産とは、基本的に１年以内に資金化する資産です。流動資産は、「当座資産」「棚卸資産」「その他の流動資産」という３つのグループに区分することができます。

　「当座資産」とは、現金、預金のほか、売掛金、受取手形などすぐに資金化できる資産グループです。「手許に５万円ほどあれば、当座のお金は大丈夫」と言ったりするように、当座資産とは会社にとって、まさに当座のお金です。毎日の資金繰りに使える資産ですし、１年以内に確実にお金になる資産だといえます。

　なお当座資産のうち、製品売上による代金を回収する権利である売掛金と受取手形を、「売上債権」と総称します。

　また「棚卸資産」とは、書いて字のごとく、少なくとも年に一回の決算作業のときに倉庫や店頭の陳列棚から卸して、数と品質をチェックすべき資産という意味です。商品や製品、半製品、原材料などの在庫を総称して棚卸資産といいます。

　棚卸資産は商売のために必要不可欠な資産ですが、油断をすると過剰在庫を抱えやすいものです。適正在庫であるかどうかは、月々の売上高と比較してみます。もしも、月商が伸び悩んでいるのに在庫金額が増加しているならば、滞留在庫や死蔵在庫が増えているおそれがあります。

　「その他の流動資産」のなかには、保険料や家賃の前払部分である前払費用のほか、出張旅費の未精算である仮払金など、資産性が不確かな科目が紛れていないか注意しておきたいところです。前払費用や仮払金は、すでに金

銭の支出は済んでおり、基本的にお金が戻ってくる性質の資産ではありません。

＜情報5＞固定資産へのムダな投資はありませんか？

　固定資産へ投入したお金は、1年を超えて長期に運用することを予定していますので、売却や処分をするまで回収できないお金の使い方です。このことを、「長期間資金が寝る」という表現をします。

　固定資産へ投下したお金を回収するには、時間を要するとともに購入時よりも値下がりするリスクを抱えています。そのため、固定資産へ計上されている資産がビジネスに必要なものであるかどうか、貸借対照表に計上されている資産価額が適正な評価額であるかなどに注目します。

　固定資産は、「有形固定資産（ゆうけいこていしさん）」「無形固定資産（むけいこていしさん）」「投資その他の資産」の3つに区分して表示します。

　「有形固定資産」は、土地・建物・機械および装置などの事業活動に必要な形のある資産で、「無形固定資産」は特許権や借地権などの事業活動に必要な形のない資産です。有形固定資産も無形固定資産も、すべての資産が収益獲得に貢献し、事業に必要とされる資産であるか目を光らせる必要があります。固定資産のうち、機械および装置や建物・車両といった時間の経過や使用により価値が減少する資産を、「減価償却資産（げんかしょうきゃくしさん）」といいます。

　「投資その他の資産」は、投資目的の有価証券や子会社株式、回収期限が1年を超える長期貸付金などです。

　投資その他の資産については、ビジネスに直接必要でない資産が多く含まれていないか、帳簿価額よりも時価が大幅に下がっていないかどうかを注意します。

　また、焦げつく可能性が高い破産債権、再生債権、更生債権等は、固定資産に計上されていても資金の回収は困難と考えられます。これら不良債権（ふりょうさいけん）が計上されることで固定資産が膨らむと、その結果として、実力より利益が過大に計上されていることになります。破産・更生債権等の残高と、これらの回収不能に備えている貸倒引当金（かしだおれひきあてきん）の残高とのバランスにも注意しましょう。

第3章・会社の「財産状況」を見てみよう

損益計算書（P/L）

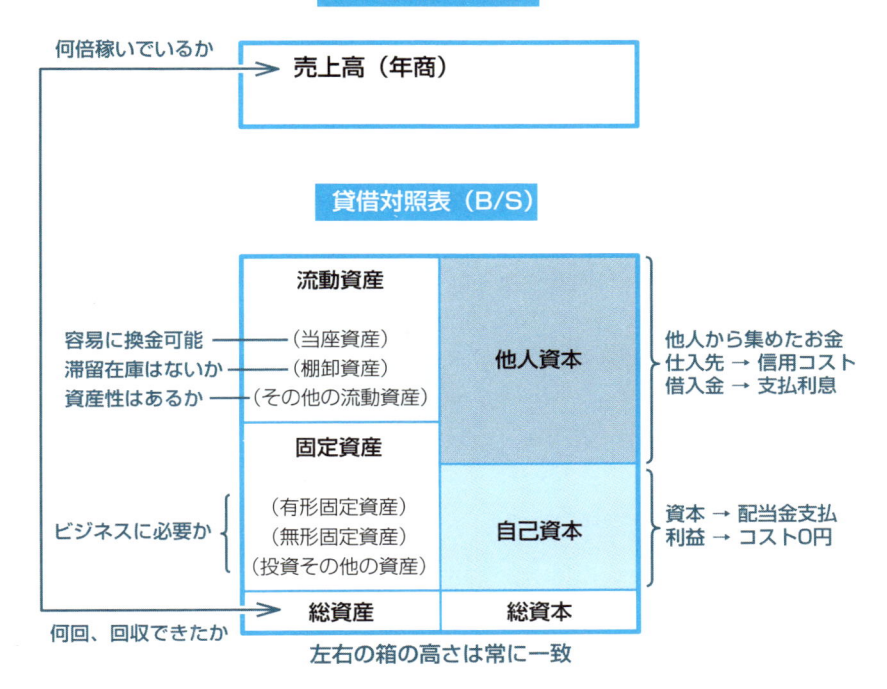

何倍稼いでいるか → 売上高（年商）

貸借対照表（B/S）

```
                    流動資産          ┐
  容易に換金可能 ──（当座資産）        │
  滞留在庫はないか ──（棚卸資産）      │ 他人資本    他人から集めたお金
  資産性はあるか ──（その他の流動資産） │            仕入先 → 信用コスト
                    固定資産          │            借入金 → 支払利息
                                     ┘
                  （有形固定資産）     ┐
  ビジネスに必要か （無形固定資産）      │ 自己資本    資本 → 配当金支払
                  （投資その他の資産）  ┘            利益 → コスト0円
                    総資産            総資本
```

何回、回収できたか

左右の箱の高さは常に一致

$$総資産回転率（回）= \frac{売上高}{総資産}$$

貸借対照表を読みこなすステップ

Step1	総資産（= 総資本）で企業の体格を見る
Step2	負債（他人資本）と自己資本の構成を見る
Step3	純資産（自己資本）の中身を見る
Step4	流動資産（短期的なお金の使い方）の中身を見る
Step5	固定資産（長期的なお金の使い方）の中身を見る

図3-3 貸借対照表（B/S）から読み取る情報

3 貸借対照表の上半分のバランスを見る

「流動資産」と「流動負債」どっちが大きい？

　流動資産とは、本来の営業活動で発生した売上債権および棚卸資産と、1年以内に現金回収される予定の資産です。流動負債は営業活動で発生した仕入債務と、1年以内に返済する予定の負債です。

　そのため基本的には、流動資産とは「1年以内に現金化」される資産であり、反対に流動負債は「1年以内に資金が流出する」負債であるといえます。

　そこで流動資産と流動負債の金額バランスを比較することにより、短期間での資金繰りに問題がないかどうかチェックできます。流動同士を比較して、**流動資産が流動負債よりも大きいかどうか**を見るのです。

貸借対照表（B/S）の上半分

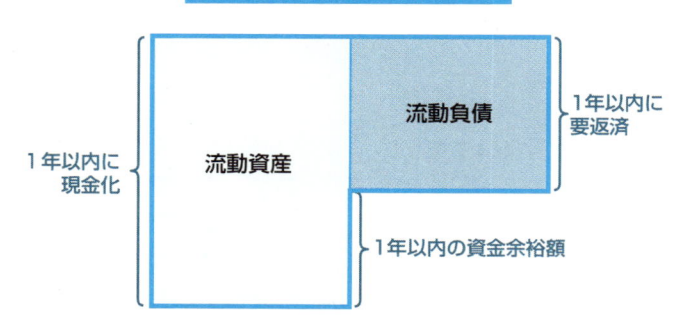

　1年以内に現金化｜流動資産
　流動負債｜1年以内に要返済
　1年以内の資金余裕額

「流動資産」＞「流動負債」であれば短期的な資金繰りは良好

図3-4 貸借対照表（B/S）の「流動資産」と「流動負債」のバランスを見る

流動資産が流動負債を超えていれば、1年以内に現金化できる資産で1年以内に返済すべき負債の全額を返済できる状態ですから、短期的な資金繰りには余裕があります。流動資産を換金して、流動負債の返済に充当したとしても、差額の資産に相当する金額が手許に残りますので、資金繰りは安泰といえます。

　ただし流動資産のなかに、回収が遅れている売上債権や、長期間売れ残っている不良在庫、単なる費用の前払いである前払費用、長い間精算されていない仮払金などが含まれていないか要注意です。

　これらの滞留債権や売れ残りの在庫、前払費用などが資産計上されていることで流動資産が膨らみ、結果として流動負債を超えているとしても、1年内の資金繰りは安心できません。

当座のお金で短期的な負債を返済できますか？

　会社の短期的な資金繰り状況をより厳しく見るためには、**当座資産が流動負債を超えているかどうか**で会社の支払能力をチェックします。

　「当座資産(とうざしさん)」とは、手元現金(てもとげんきん)のほか、解約が容易な預金、一時所有で財テク目的の有価証券、売上債権など解約、売却や回収などによってすぐに現金化される資産を総称して呼ぶ名称です。流動資産に含まれる在庫などを除きますので、容易に換金できる資産が当座資産といえます。

　売上債権について貸倒引当金を見積計上(みつもりけいじょう)している場合には、控除後の金額とします。

　「貸倒引当金」とは、相手先の経営状態の悪化（金銭を貸した相手先の倒産）により、売上債権が回収できない損失に備える（引き当てる）金額です。

　貸倒引当金は、将来起こるかもしれない貸倒損失を合理的に見積り、回収不能リスク部分を資産から控除する形で表示する科目です。現実に焦げつく金額とは異なるのですが、確実な支払能力を測る意味で、売上債権から貸倒引当金を控除して当座資産を計算します。

　当座資産が流動負債を超えている会社は、当座のお金ですべての流動負債を返済してもなお、差額相当額の資金が手許に残るということであり、資金繰り状況は良好だといえます。

ただし、当座資産のなかに使い途のはっきりしない現金を多く保有しているようでは、上手な経営とはいえません。ビジネスとはお金を上手に活用して、付加価値の高い製品を市場へ提供することで適正に儲け、その儲けを再投資することの繰り返しです。お金は単に貯め込むのではなく、有効に回転させてこそ価値があるのです。

　あとで取り上げる「キャッシュフロー経営」の実践という観点からも、お金を多額に遊ばせている会社の経営者は評価されません。

　また、仕入債務（支払手形と買掛金）に比較して、売上債権（受取手形と売掛金）が極端に多額なようでは、問題のある可能性があります。

　売上債権は利益含みの売価で、仕入債務は原価で表示されているとはいえ、差額が大きすぎるときは回収が遅れている滞留債権が含まれているおそれがあります。やはり、バランスが大切です。

貸借対照表（B/S）の上半分

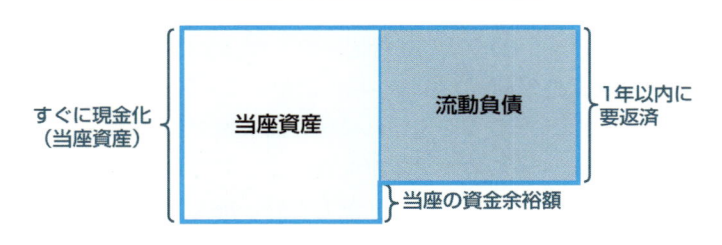

すぐに現金化（当座資産） ── 当座資産 ｜ 流動負債 ── 1年以内に要返済

当座の資金余裕額

「当座資産」＞「流動負債」であれば当座の資金繰りは良好

図3-5 貸借対照表（B/S）の「当座資産」と「流動負債」のバランスを見る

4 貸借対照表の下半分のバランスを見る

固定資産投資は自分のお金の範囲内ですか？

　固定資産へ投資した資金は長期間回収できず、お金が寝てしまいます。そのため、固定資金の運用と調達のバランスが悪いと資金繰りに悪影響を与えます。

　貸借対照表の下半分のバランスで見ることで、長期的なお金の集め方と使い方の健全性を診断することができます。

　まず、会社の設備投資に無理がないかどうかは、「固定資産」と「純資産」の金額を比較することによりチェックします。

　「純資産」とは、元手と儲けの蓄積であり、返済不要の会社（自分）のお金であるため、「自己資本」といいます。

　できるなら固定資産投資は、返済不要である自己資本の範囲内が安全といえます。貸借対照表の左右の箱のバランスで見ると、固定資産の箱よりも、自己資本の箱が大きいことが理想です。

貸借対照表（B/S）の下半分

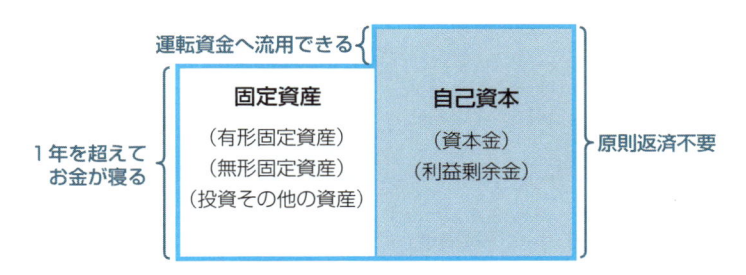

固定資産 （有形固定資産） （無形固定資産） （投資その他の資産）	自己資本 （資本金） （利益剰余金）

運転資金へ流用できる
1年を超えてお金が寝る
原則返済不要

「固定資産」＜「自己資本」であれば設備投資に無理がない

図3-6 貸借対照表（B/S）の下半分の理想型

固定資産の箱が自己資本の箱よりも低ければ、固定資産への投資が自己資本の範囲内で行われているということです。
　このような会社では、固定資産投資額を超える自己資本の余剰額を、経常的な経営活動で必要となる運転資金へ流用できるため、資金繰り状況が健全であるといえます。

設備投資は長期的な資本で調達していますか？

　ただし、創業から年数の経過していない会社などでは、自己資本の額がまだ少額であることが多いものです。そのような会社が設備投資をする場合には、固定資産の箱は当然ながら自己資本を超えてしまいます。
　もしも自己資本の範囲内での固定資産投資が無理である場合には、固定負債による調達を検討します。固定負債とは、返済期限が1年超である長期借入金や社債などの負債です。

貸借対照表（B/S）の下半分

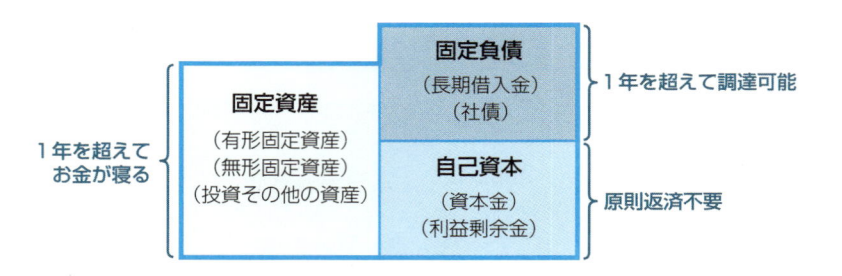

	固定負債 （長期借入金） （社債）	1年を超えて調達可能
固定資産 （有形固定資産） （無形固定資産） （投資その他の資産）	自己資本 （資本金） （利益剰余金）	原則返済不要

1年を超えてお金が寝る

「固定資産」＜（「固定負債」＋「自己資本」）でなければならない

図3-7 貸借対照表（B/S）の下半分の絶対条件

固定資産投資額が自己資本の額を超えている場合においても、固定資産の運用期間に見合う長期借入金などによる資金調達であれば、お金の集め方と使い方のバランスは取れているといえます。言い方を換えると、長期間回収できない固定資産への投資額が、原則返済不要である自己資本と、長期間調達可能な固定負債を合計した金額の範囲内であれば、長期的なお金の集め方と使い方に問題はないと考えられるからです。

固定資産の箱は、基本的に自己資本と固定負債を重ねた箱の高さより低くなければならないということです。

固定資産の箱の高さが、自己資本と固定負債をあわせた箱の高さを超えている会社の固定資産投資には無理があります。このような会社では、短期に返済すべき負債が長期的な設備投資に流用されている状態であり、お金の舵取りを誤っているといえます。個人生活にたとえると、高金利の消費者金融でお金を借りてマイホームを建てている状況です。これでは、憧れのマイホームが借金の雪だるまでつぶれてしまいます。

また、貸借対照表の上半分と下半分はつながっていますので、下半分のバランスが悪い会社では上半分のバランスも悪くなります。固定資産投資への資金調達方法を誤っている会社は、先に見た流動項目同士のバランスも悪く、短期的支払能力も欠けるわけです。

次ページの図3-8を見てみましょう。ここで、3つの会社を例に、貸借対照表の左右のバランスを考えてみます。

（株）松は、固定資産への投資が純資産の範囲内であり、3つの会社のなかで、一番財務体質がいい会社です。

（株）竹の流動資産は流動負債を超えていて、短期的な資金繰りに問題はありません。設備投資も、純資産は超えているものの固定負債もあわせて見ると、固定資産への投資と長期的な資金調達はバランスが取れています。これは標準的な財務状況です。

（株）梅については、流動資産のすべてを資金化しても流動負債を返済できない状態なので、1年以内の資金繰りも心配です。固定資産への投資にも無

理があり、固定資産が純資産を大きく超えているだけでなく、固定負債と純資産の合計額も超えています。長期的なお金の集め方と使い方の舵取りを間違っている会社です。貸借対照表は上半分のバランスが悪いと、当然ながら下半分のバランスも悪くなってしまいます。

（株）松

資産	負債・純資産
流動資産 700	流動負債 200
	固定負債 200
固定資産 300	純資産 600 (利剰 400)
総資産 1,000	総資本 1,000

（株）竹

資産	負債・純資産
流動資産 400	流動負債 300
	固定負債 400
固定資産 600	純資産 300 (利剰 200)
総資産 1,000	総資本 1,000

（株）梅

資産	負債・純資産
流動資産 400	流動負債 500
	固定負債 400
固定資産 600	純資産 100 (利剰 50)
総資産 1,000	総資本 1,000

（注）利剰 ＝ 利益剰余金

- 財務体質が健全である
- 利益剰余金の金額が大きく利益を蓄積してきた会社

- 標準的な財務状況の会社
- 設備投資へ投下した資金が利益獲得に貢献すればB/Sは改善の余地あり

- 財務体質の弱い会社
- 総資本のうちに占める純資産の比率が10％しかなく借金過多である

図3-8 貸借対照表（B/S）の3パターン

5 「総資産」と「純資産」を混同している経営者は失格

「総資産≠純資産」は経営のコモンセンス

　会社経営で絶対に混同してはいけないのが、総資産と純資産です。

　「総資産」とは、会社がビジネスに投入しているお金を、具体的に、どのように運用しているかの総額であり、現金預金のほか、主に、建物、機械および装置、車両、土地など、目に見えるプラスの財産です。

　そして、総資産と同額である総資本とは、お金の集め方であり、買掛金や借入金、引当金など具体的に目に見えないマイナスの財産（負債）と「純資産」の合計額です。そのため、目に見えるプラスの財産（資産）だけに気をとられ、目に見えないマイナスの財産（負債）を忘れがちです。

土地を長期借入金で購入した場合

　たとえば、長期借入金10億円で土地10億円を購入するケースを考えてみましょう。

　まず金銭消費貸借契約書に記名捺印して、長期借入金による資金調達をします。そして長期借入金で調達したお金で土地を購入するための売買契約書を交わし、所有権の移転登記を経て、土地は晴れて会社の所有物となります。

　その結果、貸借対照表には、左側に土地 10億円、右側に長期借入金 10億円と計上されます。

　この取引の実質は「土地（総資産）10億円 ＝ 長期借入金（負債）10億円」ということです。それなのに、土地という現物資産は会社の所有物として認識する一方で、長期借入金は意識から遠ざかってしまう危険性があります。

　長期借入金での取得にも関わらず、負債は目に見えないため、「土地（総資産）10億円 ＝ 純資産10億円」と誤った感覚で資産状態を捉えてしまうのです。そしていつの間にか、総資産がすべて自社の財産だという錯覚を持ってしまいます。

大切なのは「純資産」

　総資産と純資産が違うということはあたりまえのことですが、常に忘れてはいけない経営の基本中の基本ということです。

　もしも、土地10億円を購入するために長期借入金を10億円負っているならば、単純にいうと純資産は0円です。しかし、その後、土地の時価が購入価額の半値である5億円に下がってしまい、負債は10億円のままであるとするならば、純資産は△5億円（＝ 5億円 － 10億円）となります。この場合、資産のすべてを資金化しても負債を返済できない実質的に「債務超過」の会社となります。

　会社の取引を「原因」と「結果」の両面で捉えるという複式簿記の感覚は、経営において大切な常識（コモンセンス）なのです。総資産が会社の財産なのではなく、会社の本当の財産とは、総資産から負債を差し引いた純資産です。純資産の額こそが、すべての総資産を換金または売却して負債を返済したと仮定すると、その時点で手許に残る純額の資産なのです。

　「純資産」と「総資産」は絶対に混同してはいけません。会社の財政状態の健全性は総資産の大きさではなく、純資産の大きさにより評価されます。当然ながら純資産の額がプラスでない会社は、大問題なのです。

貸借対照表（B/S）

平成○3年3月31日現在

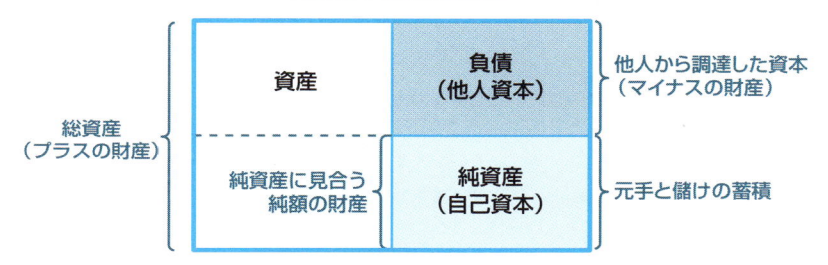

```
総資産        ┌─────────┬─────────┐
（プラスの      │  資産    │  負債    │ 他人から調達した資本
 財産）        │          │（他人資本）│ （マイナスの財産）
              ├─────────┼─────────┤
              │純資産に見合う│  純資産   │ 元手と儲けの蓄積
              │ 純額の財産  │（自己資本）│
              └─────────┴─────────┘
```

借入金10億円で購入した土地が5億円に値下がりした場合……

土地購入時の貸借対照表（B/S）

| 土地 10億円 | 長期借入金 10億円 | 純資産 ＝ 0円 |

↓

土地が値下がりした後の貸借対照表（B/S）

| 土地 5億円 | 長期借入金 10億円 | 純資産 ＝ △5億円 |

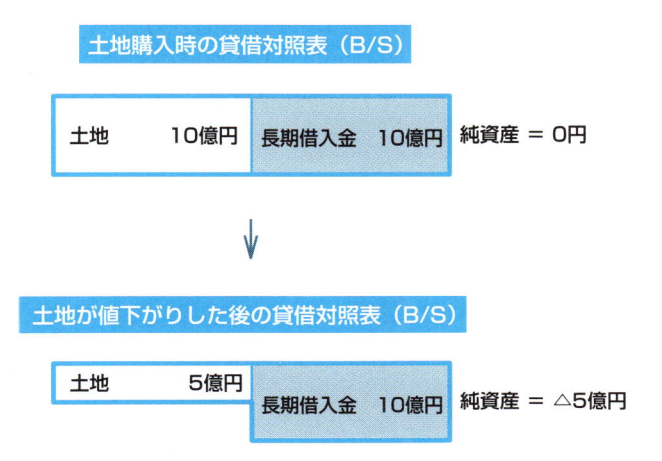

図 3-9　純資産 ≠ 総資産

借入金の返済原資の計算方法

　続いて、長期借入金で設備投資をした場合に、借入金の元金返済に充てることができるお金の計算方法を確認しておきましょう。
　借入金の返済原資の金額は、下記の式で計算することができます。

　　返済原資 ＝ 当期純利益 － 剰余金の配当 ＋ 減価償却費

　損益計算書の当期純利益は、法人税等の負担額も引当計上したあとの１年間の最終利益を表わします。
　もしも「売りは現金回収、仕入と費用は現金支払い、商品の売れ残りなし」という現金商売であれば、１年間の経営活動の結果である最終の儲け（当期純利益）とほぼ同額の「お金」が残っていると考えてもいいわけです。
　ただし、当期中に支払う剰余金の配当は、社外に資金が流出するので、当期の余裕資金を考えるうえで当期純利益から控除します。
　一方、減価償却費として費用計上された金額は、実際には外部へお金が出ていかず、会社内部に残っていますので当期純利益に加算します。
　こうして計算した元金返済余裕力で借入金返済が可能かどうかを考えなければなりません。

　　元金返済余裕力 ＝ 当期純利益 － 剰余金の配当 ＋ 減価償却費

本社ビル建て替えの借入金は返せるか？

たとえば、借入金1億円で本社ビルを建て替えたとします。

借入金の返済年数を10年、建物の耐用年数を50年とします。各年度の元金返済額は1,000万円、減価償却費は180万円となります。

減価償却費の計算については、第4章で詳しく取り上げます。

$$各年度の元金返済額 = \frac{1億円}{10年} = 1{,}000万円$$

$$減価償却費 = 1億円 \times 0.9 \times 0.02 = 180万円$$

この場合には、「当期純利益が820万円（＝ 元金返済額1,000万円 － 減価償却費180万円）以上でなければ、元金返済する余裕資金はない」ということです。

体力以上の借入金で「本社を建てたら業績が傾く」といわれるのは、元金返済に見合う利益を計上できないケースがあるためです。当期純利益と建物の減価償却費の合計額を超える元金返済はムリなのです。

もしも、「当期純利益 － 剰余金の配当 ＋ 減価償却費」の額よりも「借入金の元金返済額」のほうが大きいようであれば、借入金を返すために、また借金をしないといけません。

法人税等を費用計上したあとの税引後当期純利益から剰余金の配当を差し引き、減価償却費を加算した金額は、会社が自由に使えるお金であり、借入金の返済原資となります。

また、土地などの非減価償却資産を借入金で購入したときは、単純に毎期の当期純利益と元金返済額を比較することになります。

ただし、この計算では売掛金の回収遅れや在庫の増大による資金化の時間差（ズレ）は無視しており、あくまで簡便的な計算であることを忘れないでください。

貸借対照表（B/S）

平成○2年3月31日現在

資産	負債
建物　　1億円	長期借入金　1億円
総資産　　1億円	総資本　　1億円

左右の箱の高さは一致

↓

貸借対照表（B/S）

平成○3年3月31日現在

資産	負債
建物　　1億円 減価償却累計額 　　△180万円	長期借入金 9,000万円
	純資産 （当期純利益820万円）
総資産　9,820万円	総資本　9,820万円

左右の箱の高さは一致

注　建物の減価償却費 ＝ 1億円 × 0.9 × 0.02（耐用年数50年の定額法による償却率）
　　　　　　　　　　 ＝ 180万円

借入金の返済原資は（当期純利益＋減価償却費）が基本！
ただし、この計算では信用取引や在庫の"ズレ"は無視しているので
簡便的な資金繰りの判断指標として活用しましょう。

図3-10　借入金の返済原資

6 将来に準備するための引当金

将来の損失に準備する引当金

貸借対照表には「引当金」という会計独特の科目（言葉）があります。

引当金とは、将来の費用または損失の発生額を見積り計上した際の、負債科目または資産から控除する科目をいいます。

具体的な引当金には、「貸倒引当金」「返品調整引当金」「賞与引当金」「退職給付引当金」があります。

商品をツケで売れば、売上債権が焦げついて回収できないリスクを抱えます。焦げつきによる回収不能を「貸倒」といいます。

常時、販売する棚卸資産について、販売価格による買戻し特約を結んでいる業界では、その特約による返品損失は常に発生します。

就業規則や退職金規程に賞与と退職金の支給基準を明記している場合には、支給すべき賞与と退職金の金額は会社にとって将来の支払義務（負債）となります。

このように引当金とは、将来発生する可能性の高い費用または損失への支払準備として引き当てている金額のことです。

当期の経営活動のなかで、引当金を計上すべき原因がすでに発生している場合には、将来の費用または損失のうち、当期の負担部分の金額を費用計上するとともに引当金に計上する必要があります。

引当金に繰り入れることで将来の資金流出のための留保を行い、その後、実際に資金負担が生じたときには、留保している引当金を取り崩す会計処理を行います。

引当金の会計処理と効果

具体的に、貸倒引当金に関する会計処理と効果を考えてみましょう。

設立第1期である当期の決算において、将来の貸倒損失に準備するため、期末売掛金1億円に対して1％相当額の貸倒引当金100万円を計上します。

翌期に売掛金が貸倒となった場合には、まず最初に貸倒引当金を取り崩す会計処理を行います。もしも売掛金50万円が貸倒になったのであれば、貸倒引当金の一部を取り崩すだけの会計処理で、翌期の業績には悪い影響を与えません。売掛金150万円が貸倒れになったときは、貸倒引当金を超える金額50万円が翌期の貸倒損失となります。

当期	期末売掛金に対して貸倒引当金を見積り計上する 　　貸倒引当金繰入額　　100万円／貸倒引当金　100万円
翌期	① 売掛金50万円が貸倒になったケース 　　貸倒引当金　　　　　　50万円／売掛金　　　　50万円 ② 売掛金150万円が貸倒になったケース 　　貸倒引当金　　　　　 100万円／売掛金　　　 150万円 　　貸倒損失　　　　　　　50万円

　もしも当期に貸倒引当金を計上していないならば、貸倒になった売掛金の全額が翌期の損失に計上されてしまいます。
　企業会計では、将来の財政状態に不利な影響をおよぼす可能性のある項目を、適切に先取りして決算書へ反映させる保守的な会計処理を要請しているのです。ただし発生の可能性が低い費用や損失に対して引当金を繰り入れることは認められません。
　なお貸借対照表において、貸倒引当金は資産から控除する形にて表示し、1年以内に使用する見込みの返品調整引当金と賞与引当金は流動負債に、1年を超えて使用される見込みの退職給付引当金は固定負債に表示します。

　最後に確認テストとしてQuestion 2を用意しましたので、チャレンジしてみてください。Question 2は○×問題です。①〜⑭の設問に○×で回答してみてください。

貸借対照表（B/S）

平成○3年3月31日現在

資産の部	負債および純資産の部
流動資産	流動負債
現預金	支払手形
受取手形	買掛金
売掛金	短期借入金
有価証券	**返品調整引当金** ←
商　品	**賞与引当金** ←
前払費用	固定負債
貸倒引当金　△ →	長期借入金
固定資産	**退職給付引当金** ←
有形固定資産	純資産
無形固定資産	資本金
投資その他の資産	資本剰余金
	利益剰余金
資産合計	**負債および純資産合計**

取立不能のおそれのある債権については、事業年度の末日において取り立てることができないと見込まれる額を控除しなければならない

将来の費用または損失の発生に備えて、その合理的な見積額のうち、その事業年度の負担に属する金額を費用または損失として繰り入れることにより引当金を負債として計上しなければならない

図3-11　引当金の貸借対照表での表示

Question 2	貸借対照表（B/S）の○×問題	
① 貸借対照表とは、企業の一事業年度中の収益と費用を一覧にした経営成績表である。		
② 貸借対照表の負債の部は、上から流動負債、固定負債の順序で、返済期限の早いものから表示されている。		
③ 事業年度によっては、貸借対照表の総資産の金額と総資本（負債 ＋ 純資産の部）の金額が同額でないことがある。		
④ 負債とは他人から借りている資本であり、返済義務がある。		

⑤ 貸借対照表の他人資本の額が多い会社は、他社からの信用が厚いということであり、多ければ多いほど望ましい。	
⑥ 総資本（総資産）が大きい会社は、財務的に安定しているといえる。	
⑦ 貸借対照表の資産には、形のあるものばかりが計上されている。	
⑧ 会社が調達する総資本のうち、コストがかからないのは資本金だけである。	
⑨ 商取引から生じた買掛金、支払手形、短期借入金を仕入債務という。	
⑩ 固定資産の額が自己資本と固定負債の合計額を超えている会社は、設備投資などの長期的な資金運用と資金調達に無理がある。	
⑪ 商売上の売掛金、受取手形を総称して売上債権という。	
⑫ 現預金、売上債権、有価証券、棚卸資産を総称して当座資産という。	
⑬ 棚卸資産とは、企業が取り扱う商品であり売上の基本となるものであるため、貸借対照表に表示されている金額が大きいほどいい。	
⑭ 売掛金の残高が増えていれば、取引先からの注文が多いということを意味するから、毎期毎期増加傾向にあることが望ましい。	

Answer 2	貸借対照表（B/S）の○×問題

① × ② ○ ③ × ④ ○ ⑤ × ⑥ × ⑦ × ⑧ × ⑨ ×
⑩ ○ ⑪ ○ ⑫ × ⑬ × ⑭ ×

Column

決算書が読めると得する３つの理由 ③
「会社経営」のコツは「人生」に応用できる

「会社経営」と「人生」は、とてもよく似ています。

業績を伸ばして成長する会社がある一方で、業績が伸び悩む会社もあります。また人生では、思いどおりにいくこともあれば、望みが叶わない不遇のときもあります。

会社は「法人格」を持ち、個人は生まれながらにして「人格」を持っています。会社には「企業体質」があり、個人にも「体質」と「気質」があります。会社も個人も、命が与えられた存在であり、命あるかぎり、経営をよくしよう、人生をよくしようと努力しながら成長を続けていくのです。会社と人間は、本当によく似ていますね。

その一方で、会社経営と人生には、「寿命」と「経営者」という２つの大きな違いがあります。

本来、会社には寿命はありません。会社は永遠の命を持ち、終わることのない経営活動を行うことを想定して設立されます。会社経営で重大な判断ミスをしなければ、最初に設立した人の命を越えて、会社は永遠に生き続けます。

もしも、創業者が志半ばでこの世を去ったとしても、後継経営者に会社発展の夢を託すことができます。

しかし、人生は一度きりで、人間はどれだけ養生をしても、いつか死を迎えます。自分の人生で達成できなかったことを、引き続き別の人にお願いすることはできません。

人生は一回勝負という点では、会社経営よりも条件が厳しいですね。

もうひとつの大きな違いは「経営者」です。

会社は経営者が変わることで、劇的に業績が伸びるケースがあります。ほかの会社から優秀な経営者をヘッドハンティングして経営を任せることも可能です。そしてダメな経営者を、業績不振の責任により解任する

こともできます。

　しかし、人生の経営者は自分自身であり、ほかの人と交代はできず、誰も代わりに自分の人生を歩んでくれません。自分で自分を「クビ」になんてできないはずです。

　「一度きりの人生」を、情熱を持って経営できるのは、自分だけなのです。この点からも、人生は会社以上に真剣さが求められます。

　このように、真摯に人生を歩む人間が作り上げる会社の経営活動は、素敵な人生劇場を見るように興味深いものです。

　人生の歩みは、会社の経営管理サイクルととてもよく似ているため、上手な会社経営のコツは人生の成果を上げるヒントにもなります。

　実は、経営活動の結果を数字にした「決算書」を見る着眼点は、意外と身近なものなのです。

（個人）	付加価値を高めれば転職に有利	→ （会社）	会社の付加価値の高さは売上総利益率に表われる
（個人）	年収に対して住宅ローン残高が大きすぎないか	→ （会社）	有利子負債の月商に対する倍率をチェック
（個人）	年収の5％程度は勉強のために使う	→ （会社）	将来の発展のために投資活動で積極的に設備投資にお金を使う
（個人）	資金繰りが回らなければ破綻する	→ （会社）	キャッシュフロー経営の実践が大切
（個人）	余計な物を持たないで身軽な生活を心がける	→ （会社）	総資産回転率を高める経営

　ほかにも、普段考える視点を会社に置き換えて、「決算書」を読みこなしましょう。

第 **4** 章

会社の「儲ける力」を見てみよう

損益計算書を見る着眼点と
読みこなすステップ

　この章では会社の経営成績表である「損益計算書」から収益力を見抜くために必要な基礎知識を習得していただきます。利益の計算方法をマスターするとともに、「売上原価」「減価償却費」「税効果会計」などの重要項目を徹底理解してください。

1 損益計算書の基本的なしくみ

損益計算書の構造

「損益計算書」とは、その名前のとおり、「損」(Loss)と「益」(Profit)を一覧にして、ビジネスの成果を報告する経営成績表です。

損益計算書は、「5つの箱」の下半分である「収益」と「費用」で構成され、これらの箱の差額が1事業年度中の当期純利益です。

ただし損益計算書では、単に「収益 − 費用」の計算結果として利益を計算するのではなく、売上総利益・営業利益・経常利益・当期純利益などの区分ごとに表示します。

売上総利益	売上高から売上原価を差し引いた利益（利益の大本）
営業利益	売上総利益から販売費および管理費を差し引いた本業での儲け
経常利益	営業利益に営業外収益を加算し、営業外費用を差し引いた儲け
当期純利益	当期だけの特別な損益項目や法人税等の負担額も計算に入れた最終の儲け

このように利益にも種類があるため、「儲かっている会社」であっても、どの段階で利益を残しているかにより会社の評価も変わってきます。

損益計算書を見ることで、会社がどの活動で収益を稼ぎ出し、どの程度の費用を負担しているのかがわかります。

損益計算書を読みこなすステップ

損益計算書は、まず最初に「一番上の数字」の売上高と、「一番下の数字」である当期純利益（Bottom line）を見ます。

損益計算書の一番上に計上されている売上高は、1事業年度中に実現した

売上（稼ぎ）の合計額であり、年商です。

「年商」は会社の「経営規模 ＝ スケール」を表わしますので、基本的には売上高が大きい会社ほど、大きな商売をしていると判断できます。

「売上高」は会社の経営規模を表わす数字ですが、売上高が巨額であっても、利益を残さなければ会社は成長しません。

特に、すべての費用または損失を負担したあとの最終の当期純利益の金額が少ない、または赤字である場合には、その事業年度は経営成果が出なかったということです。

損益計算書（P/L）

自平成○2年4月1日　至平成○3年3月31日

（千円）

売上高	5,952,600	（経営規模）
売上原価	4,120,060	
売上総利益	1,832,540	（商品力）
販売費および一般管理費	1,699,740	
営業利益	132,800	（本業力）
営業外収益	5,400	
営業外費用	61,100	
経常利益	77,100	（実力）
特別利益	600	
特別損失	14,500	
税引前当期純利益	63,200	
法人税、住民税および事業税	22,000	
当期純利益	41,200	（最終の力）

――会社の経営活動の結果としての4種類の利益

図4-1 損益計算書の基本構造

たとえば、売上高1兆円の大企業であっても、当期純利益が△1,000億円であれば、その会社の売上高の大きさには価値がありません。
　それよりも、売上高は10億円でも当期純利益が1億円の中小企業のほうが、確実に利益を残している会社だと評価できます。
　売上高から見れば、10％相当の当期純利益を確保している優良会社ということになります。
　このように、損益計算書はまず最初に、「売上高」と「当期純利益」をあわせて見ます。
　続いて、損益計算書では、先の4種類の利益（売上総利益・営業利益・経常利益・当期純利益）が計算される過程をじっくり見ます。
　損益計算書では「収益」について、会社の経営活動とのかかわりにより、営業上の収益である「売上高」、そして財務的な収益である「営業外収益」および臨時で巨額な当期だけの「特別利益」の3つに区分して表示します。
　また会社の「費用」は、「売上原価」「販売費および一般管理費」「営業外費用」「特別損失」と「法人税、住民税および事業税」の5つに区分されます。
　損益計算書とは、当期に帰属するこれらすべての収益と費用を個別対応または期間対応することにより利益または損失を計算し、経営成績をあきらかにする書類なのです。
　この章では、損益計算書のしくみを理解し、会社の実力をつかむためのいろいろな情報を見ていきましょう。

2 損益計算書をじっくり見てみよう

損益計算書の「売上高」

「売上高」とは、定款に記載している事業目的から実現した収益をいいます。売上高には、商品や製品の売上高やサービス（役務）提供による売上高が入ります。業種によっては手数料収入なども含まれます。

売上高は「実現主義」の原則にしたがい、商品などの販売または役務の給付により「実現」したものにかぎります。ただし長期請負工事については、工事の進行状況により合理的に収益を見積もり、損益計算書の売上高を計上することができます。

売上高は下記の式で計算できます。ということは、会社の販売戦略の結果が表われる数字といえます。

$$S（Sales：売上高）＝ P（Price：価格）× Q（Quantities：数量）$$

たとえば「プレミアム商品の限定販売」という戦略で、高付加価値商品を限定数量だけ市場に提供したり、「薄利多売」戦略で、価格を抑えた商品を大量に流通させることで売上アップを図るなどの方策が考えられます。

これは、まさに会社の販売方針と市場戦略の成果が売上高であり、経営者の手腕が問われるということです。

また売上高を見るときは、従業員数から計算する「1人当たり売上高」の大きさも大事です。1人当たりの稼ぎ高が大きい会社は、少数精鋭で生産性の高い会社だといえます。

$$1人当たり売上高 ＝ 売上高 ÷ 期中平均従業員数$$

「売上総利益」は利益の大本

　「売上総利益」とは、お客さまへ売却した商品代金から売上原価を差し引いた利益であり、会社の「利益の大本」です。売上総利益は、通称として「粗利（あらり）」とも呼ばれています。
　粗利の金額の大きさと、売上に対する売上総利益の比率の高さから、取り扱い製品やサービスの力を判断することができます。売上総利益率は「粗利率」ともいいます。

売上総利益率（％）＝ 売上総利益 ÷ 売上高

　取り扱っている製品やサービスの質が高く、人気があればライバルである同業他社よりも高い粗利率を確保することができます。他の会社と差別化した商品、並んででも買いたい製品、付加価値の高い製品を取り扱っている会社は粗利率が高くなります。
　ただし、製品の性質により粗利率の高い業界もあれば、粗利率の低い業界もあります。
　一般的に、日常品のように毎日よく売れる商品は粗利率が低くなり、嗜好品やブランド品、耐久消費品などのように消費者の購入頻度が低い商品は粗利率が高くなります。

「売上総利益」の計算方法
　　売上総利益 ＝ 売上高 － 売上原価

「営業利益」は会社の本業での儲け

「営業利益」は、売上総利益から「販売費および一般管理費」を差し引いて求めます。

「販売費」とは、営業担当者の給料手当、法定福利費、広告宣伝費、接待交際費、荷造運賃、旅費交通費、通信費など製品を販売するために必要な費用です。一方、「管理費」とは役員給与、管理部門の給料手当、法定福利費、事務所家賃、リース料、保険料、水道光熱費など経営管理のための費用です。

そのため営業利益とは、1事業年度の営業活動の成果としての「本業力」を表わします。

たとえ付加価値の高い儲かる製品を扱っている会社でも、販売経費の管理が甘く、販売促進費などに無駄遣いが多かったり、本社を管理する費用の負担額が大きいと営業利益を残せません。

利益体質の会社とは、付加価値が高く優れた製品を取り扱うとともに、できるかぎりコスト削減に努めている会社です。

営業利益では、本業を営むうえでの効率経営の度合いをチェックすることができます。

また、会社には本業以外の活動においても、支払利息や為替差損などのコストが発生します。当期だけのイレギュラーな出来事により、臨時で巨額な損失を被ることもありえます。

このような営業外費用や特別損失などを負担したあとでも、なおかつ利益を残すために、まずは営業利益を確保することが大切になります。

「営業利益」の計算方法

営業利益 ＝ 売上総利益 － 販売費および一般管理費

「経常利益」は会社の実力を表わす

　経常利益は、営業利益に営業外収益をプラスし、営業外費用を差し引くことにより求めます。経常利益は通称「けいつね」と呼ばれています。
　「営業外収益」とは、受取利息・受取配当金・為替差益（かわせさえき）などの財務的な収益であり、「営業外費用」とは支払利息・為替差損などの財務的な費用をいいます。卸売業や量販店などでは、多額の仕入割戻（しいれわりもどし）（リベート）が経常的に営業外収益に計上されているケースもあります。
　営業利益を本業での収益力だとすると、経常利益は過去から蓄積した**財務力も考慮した、会社の「実力」**を表わします。
　貸借対照表において、利息の必要な負債（有利子負債）の額が大きい会社では、支払利息の負担が重いために、経常利益を確保するのが難しくなります。
　反対に過去からの利益蓄積が多く、財政状態が良好な会社はお金を集めるコストを削減できます。財政状態が良好な会社とは、貸借対照表の自己資本の額が大きい会社です。このような会社では、営業外費用の負担が軽いため、経常利益を残せる体質を持っているといえます。
　支払利息よりも受取利息や受取配当金のほうが多く、営業利益の金額以上の経常利益を計上できるケースもあります。

「経常利益」の計算方法
　　経常利益 ＝ 営業利益 ＋ 営業外収益 － 営業外費用

　収益力の高い会社では、損益計算書の利益が貸借対照表の「純資産の部」の利益剰余金を厚くするため、財政状態もよくなります。貸借対照表の財政状態が健全であれば資金調達コストが削減され、損益計算書での利益確保に寄与します。
　損益計算書と貸借対照表はつながっているので、強い会社では経営活動の結果が決算書の良循環として表われます。

「当期純利益」は最終の経営成果

　経常利益に、その事業年度だけの特別利益を加算し、特別損失を差し引くことにより「税引前当期純利益」を計算します。
　「特別利益」とは、臨時でかつ巨額の当期だけの儲けです。
　具体的には、土地売却益・投資有価証券売却益・償却債権取立益などです。社歴の古い会社の場合には、昔購入した土地や株式が低い帳簿価額で貸借対照表に計上されているケースもあり、これらの資産を売却することで多額の売却益を稼ぎ出すことも可能です。ここでの「投資有価証券」とは、関係会社株式や投資目的で所有する有価証券をいいます。
　そのため、本業で利益を残せない事業年度や経常的な活動では実力のない会社が、過去の遺産を取り崩して特別利益を計上し、当期純利益を捻出しているケースもあります。
　「償却債権取立益」とは、過去に回収不能として貸倒損失処理をした売上債権が回収できたことによる儲けです。
　一方、「特別損失」とは当期だけの災害損失・構造改革（リストラ）による特別退職金・関係会社の整理損・固定資産売却損などです。
　これらの特別損失項目は、経営活動の異変が表われる部分でもあり、過去に下した経営方針の誤りによる「損失」を出しきる決断の結果でもあります。
　税引前当期純利益から当期の法人税等（法人税、住民税および事業税）の引当額を控除して計算する当期純利益は、当期の「最終の利益」であり、1年間の経営成果といえます。
　もしも当期純利益がマイナス（当期純損失）であれば、残念ながら、本来は当期決算では配当金を支払う余力はないということです。

「当期純利益」の計算方法

　当期純利益 ＝ 経常利益 ＋ 特別利益 － 特別損失 － 法人税等
　　　　　（実力）

3 「商品仕入」と「売上原価」の違いに注意！

「売上原価」とは売れた商品の仕入原価

　売上総利益の計算では、「商品を仕入れて売る」という商取引の流れと「売上原価」の理解がポイントとなります。

　商品の仕入に要した金額のうち、当期の損益計算書に費用として計上するのは、当期中に売上計上した商品の仕入原価のみなので、売上原価と呼ばれます。

　会計のルールとして売上と仕入は個別対応させなければならないのです。たとえば、10個あった商品のうち7個が売れたならば、売上高も7個分であり、売上原価も7個分となります。

　売上原価の計算の流れを理解していただくためには、商品倉庫をイメージしてください。

　「売上原価」とは、商品倉庫に保管していた商品のうち倉庫からお客さまへ出荷した商品の仕入原価です。前期からの売れ残り商品と当期中に仕入れた商品はどちらも倉庫から出荷したとみなす一方で、当期末の売れ残り商品は再び倉庫に舞い戻ってきたと考えます。

　事業年度のはじまり（期首）に保有していた商品と当期中に仕入れた商品の合計額は費用に計上され、そのうち事業年度末（期末）における売れ残り商品は、費用からマイナスして、資産（商品）に計上します。

　もしも毎日1個だけ売れる高額な宝石などであれば、仕入れたときに商品として記録しておき、売れたときに仕入原価を調べて、商品から売上原価に振り替えるような会計処理も可能です。このような商売であればたいした手間ではないのですが、通常の会社では価格の異なる多くの種類の商品を取り扱っていますので、仕入れたときに商品として記録し、お客さまに売却するつど、売れた商品の仕入原価を確認して売上原価に計上することは、事務の手間がかなりかかってしまいます。

　そこで、多くの実務処理では期首の商品と当期中の仕入商品を費用に計上

するとともに、決算日の在庫（売れ残り）を「費用」から差し引き、商品として「資産」に計上するのです。

結果として、「期首の商品 ＋ 期中の仕入高 － 期末の商品」により計算された金額が、売上計上した商品の仕入原価という意味での売上原価となるのです。

～商品倉庫をイメージしよう～　　　～お店をイメージしよう～

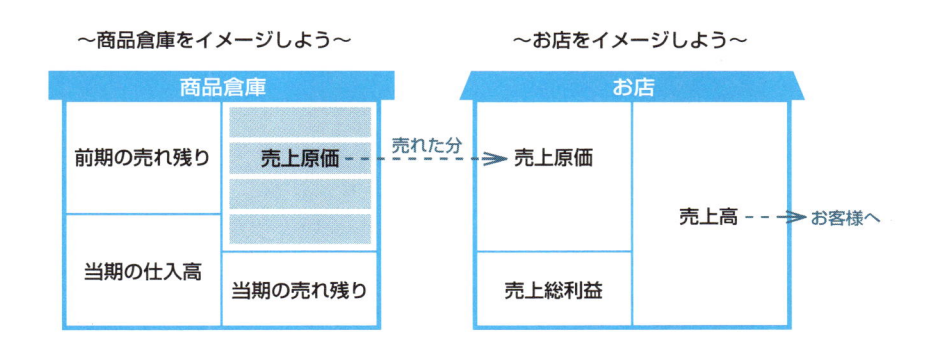

商品倉庫		お店	
前期の売れ残り	売上原価 ---売れた分--->	売上原価	
			売上高 ---> お客様へ
当期の仕入高	当期の売れ残り	売上総利益	

図4-2 「売上原価」は商品倉庫をイメージして理解する

売上原価を「アロマショップ」の商品の動きで考えてみます

仕入と売上原価、そして商品勘定への取引記録は大切なところなので、リラックスして、とある「アロマショップ」のマッサージオイル「ラベンダー」の動きで考えてみましょう。

「アロマショップ」のマッサージオイルのなかでは、「ラベンダー」が一番人気の商品です。「ラベンダー」は、ラベンダー油をベースにエッセンシャルオイルをバランスよく配合したマッサージオイルです。ラベンダーには優れた鎮静効果があるため、オイルマッサージにより心身共にリラックスでき、スキンケア効果もあると売れ行き好調な商品です。

さて、本題です。今朝、オーナーが商品棚を確認したところ、「ラベンダー」は10個残っています。曜日にもよりますが、毎日100個位は売れるので、

追加で「ラベンダー」を100個仕入れてきました。

夕方7時の閉店時間まで働いたオーナーが、商品棚を確認したところ、「ラベンダー」は8個残っています。

さて、会計上の仕入と売上原価の関係はどうなるでしょうか？

朝の商品棚に残っていた「ラベンダー」10個と、今日仕入れてきた「ラベンダー」100個の合計である110個が、本日ご来店のお客さまにお売りできる「ラベンダー」の最大個数です。

もしも多くのお客さまが来てくださり、すべての「ラベンダー」が売り切れたならば、売上個数は110個で、売上原価も110個分となります。

でも残念ながら夕方の商品棚には、8個の「ラベンダー」が残っています。

結果として、朝売れ残っていた「ラベンダー」10個に、今日仕入れた「ラベンダー」100個をプラスし、夕方売れ残っている「ラベンダー」8個を差し引いて計算した102個分が売れたということになります。

そして102個分の「ラベンダー」の仕入原価が、お客さまへの「ラベンダー」の売上個数102個に対応する売上原価となります。

「ラベンダー」の動き

| 朝の売れ残り | 10個 | 売れた「ラベンダー」 102個 | 売上原価 (10 + 100 − 8) |
| 今日の仕入 | 100個 | 今日の売れ残り 8個 | |

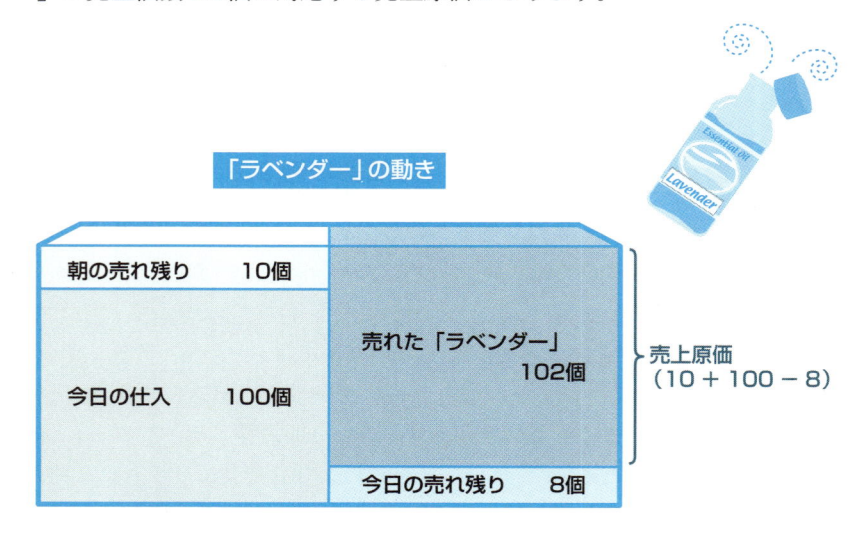

図4-3 卸・小売業の売上原価は商品の流れで理解する

「ラベンダー」の個数で見ると、売上原価の計算は、「売上原価（102個）＝ 昨日の売れ残り（10個）＋ 今日の仕入（100個）－ 今日の売れ残り（8個）」となります。

「仕入 ≠ 売上原価」という点が大切なポイントになります。

製造業の売上原価は工場をイメージします

製造業での売上原価の計算方法も確認しておきましょう。

製造業においても「売上高」と「製造原価」は個別対応させる必要があります。**工場での製造過程のすべてを終了した完成製品のうち、お客さまに出荷した製品に対応する原価のみが、売上原価**として費用計上されます。

製造業の売上原価を理解するためには、工場で製品を製造する工程と、製品倉庫における製品の保管と出荷の流れをイメージしてください。

工場において、製品を製造するために発生する材料費・労務費・経費といったコストは費目別に集計され、「製造原価報告書」へも内容別に区分表示します。

当期中に消費した材料代のみが、「材料費」として製品の製造費用を構成します。そのため、期首において保有していた材料と当期中の材料仕入高の合計額から、期末において保有する材料を控除した金額が当期に製品を製造するための材料費となります。

「労務費」とは、製品を製造するために工場で働く従業員への賃金・賞与・法定福利費などの人に関する費用です。

これらの材料費・労務費のほか、工場内での消耗品費・外注加工費などの「経費」の集計額が当期中の製品製造に要した費用の総額である「総製造費用」です。

工場からは完成した製品のみが製品倉庫に届けられますので、総製造費用のうち、製作途中でまだ完成していない仕掛品にかかる製造費用は、「当期製品製造原価」から除きます。

工場から製品倉庫に届けられた完成製品に要したコストである当期製品製造原価に、期首製品の金額をプラスし期末製品の金額をマイナスした金額が、出荷した製品の「売上原価」として費用に計上されます。

材料費

期首棚卸高	当期材料費
当期仕入高	期末棚卸高

~工場をイメージ~

製造勘定

期首仕掛品棚卸高	当期製品製造原価
材料費 労務費 経 費	期末仕掛品棚卸高

仕掛品：販売目的である製品、半製品の製造過程にあり、現に製造中または加工中のもの

労務費

工場の従業員への賃金
法定福利費
福利厚生費　など

経費

工場での消耗品費
外注加工費
動力燃料費
租税公課・修繕費　など

~製品倉庫をイメージ~

売上原価

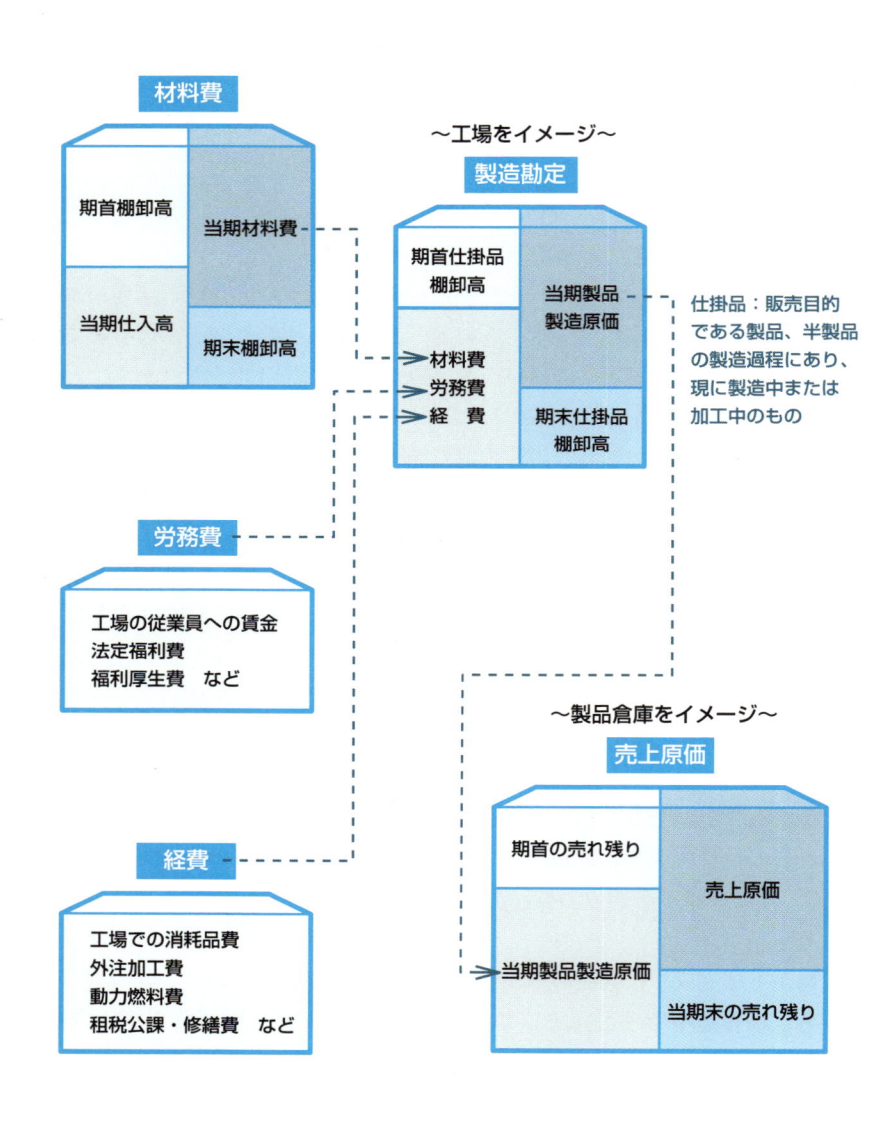

期首の売れ残り	売上原価
当期製品製造原価	当期末の売れ残り

図4-4 製造業の売上原価は工場から製品倉庫への流れで理解する

4 減価償却費について知っておこう

減価償却すべき資産とは

　資産には、土地や絵画、骨董品など、運がよければ値上がりするものと、機械装置や建物、車両のように年々価値が下がる資産があります。
　時間の経過や使用により価値が減少する資産を、減価償却資産といいます。
「減価償却資産」とは、土地や建設中の建物以外の資産で、時の経過で価値が減少する資産ですから、有形固定資産だけでなく、ソフトウェアなどの無形固定資産、牛や豚、桃の木や栗の木といった収益獲得に貢献する資産は、すべて減価償却資産に分類されます。
　減価償却資産への投資額は、購入時に資産計上しておき、その後の事業年度に「減価償却費」を計上することで費用化されます。
　減価償却資産の取得価額は、その後の収益獲得に貢献する各事業年度に費用配分することにより、収益と費用を「期間対応」させなければならないのです。
　収益と費用を対応させるために、資産の取得価額を費用配分する手続きにより費用化された部分の金額が減価償却費です。
　減価償却費とは、「価値が減少する部分を償い却す費用」と書くとおり、固定資産の価値減少部分を収益獲得に貢献する期間にわたり、費用計上（償却）することで資産価値を減少させることをいいます。

減価償却費を計上する意味

　減価償却費には、大切な2つの意味があります。
　まず、資産購入時に出ていった資金流出額を、その後、お金が流出しない減価償却費を計上することにより、会計的に取り戻していくということです。
　もしも減価償却費を計上しなければ、資産を処分するまで、購入のために費やしたお金（投下資本）を会計的に認識することができません。
　また、使用に耐える期間（＝耐用年数）にわたって償却していくことに

より、収益と費用を「期間対応」させるという目的があります。

　購入時に一括して費用化したり、売却または除却したときにまとめて損失計上することは正しい会計処理ではないので、利益の額が歪んでしまいます。

　会社法においても、「償却すべき資産については事業年度の末日において、相当の償却をしなければならない」と明記しています。

　一方法人税では、減価償却限度額以下であれば、減価償却費の計上は任意です。つまり、減価償却費を計上するかどうかは会社の自由ということです。たとえば業績がよくない事業年度について、減価償却費の計上をしないで所得金額が増加しても、法人税の税収が増えるわけですから、国税当局は文句を言いません。

　しかし、減価償却費を適正に計上していない会社の決算書は、会社の実状を正しく報告しているとはいえません。

　また減価償却費とは外部に資金が流出しない費用であり、減価償却費相当額は会社内部に残っています。そのため、適正な額の減価償却費を計上したあとで、なおかつ利益を確保している会社であれば、資金繰りについても利益の額以上に余裕があるといえます。

減価償却費の計上	会社法 （会社計算規則）	償却すべき資産については、事業年度の末日において相当の償却をしなければならない
	法人税法	償却費として当該事業年度の所得の金額の計算上、損金の額に算入する金額は、償却費として損金経理をした金額のうち償却限度額に達するまでの金額とする

減価償却費の計算方法

　減価償却費の計算方法には、定額法と定率法という代表的な2つの方法があります。原則として、建物やソフトウェアは定額法により計算し、それ以外の減価償却資産は定率法により計算します。

　「定額法」とは、減価償却資産の耐用年数にわたり、毎期均等額を減価償

却費に計上する方法です。

一方「定率法」とは、期首帳簿価額（未償却残高）に一定の償却率を乗じて減価償却費を計算します。

減価償却資産の取得価額には、引取運賃や保険料などの「購入に付随する費用」のほか、その資産を「事業供用するために必要な費用」を含めます。

たとえば機械装置などの据付費や試運転費など、その資産が収益獲得に貢献するまでの一切の費用も取得価額に含める必要があります。これらの資産購入に要した付随費用などは一時の費用にせず、減価償却費を通して費用化すべきということです。

「耐用年数」とは、各資産ごとの使用に耐え得る年数、つまり、使用することで収益獲得に貢献する期間のことです。ただし会社ごとに異なる耐用年数で費用化するのでは問題があるため、税法では「耐用年数省令」において、資産の種類と細目ごとに耐用年数を定めています。

耐用年数に応じた償却率は、数学的に自動的に決定します。耐用年数が5年であれば、定額法は0.200、定率法は0.369となります。

また有形固定資産については、取得価額の10％相当額を残存価額とし、取得価額の90％相当額に対して耐用年数で減価償却費を計算します。

「残存価額」とは、耐用年数が経過したあとに固定資産を処分するときの見積金額のことです。会計的には取得価額の10％程度で処分できると見積もっているわけです。しかし法人税では、取得価額の95％相当額まで減価償却費を計上できるとしているので、混同しないように注意が必要です。

つまり税法では、耐用年数を経過したあとも、取得価額の95％相当額に達するまで減価償却費を計上できますので、最終的には、取得価額の5％相当額が貸借対照表に計上されて残ることになります。

「定額法」と「定率法」の違いは？

それでは具体例で見てみましょう。ここでは、取得価額50万円のカラーコピー機の事例で減価償却費を計算してみます。

定額法は、毎期一定額の減価償却費を計算する方法であり、取得価額から残存価額を控除した残額（90％部分）に償却率を乗じて計算します。耐用

年数5年である資産の償却率0.200とは、5年で割る（1／5）ことと同じ意味です。

定額法による減価償却費　50万円 × 0.9 × 0.200 ＝ 90,000円

　ただし、この減価償却費は、資産を12カ月（丸々1年間）事業に使用した場合の償却額なので、使用月数が12カ月未満のときは、12カ月で割って事業供用月数を掛けることにより、その事業年度の減価償却費を計算します。
　収益と費用を対応させ、正しい期間損益を計算するために、収益獲得に貢献した事業供用月数に対応する金額だけが減価償却費に計上されるわけです。ただ使用月数は暦にしたがって計算して、1カ月に満たない端数は1カ月に切り上げるので、1日だけの使用でも1カ月分相当額の減価償却費を計上できます。
　一方、定率法では期首の帳簿価額に一定率を掛けて減価償却費を求めます。定率法の償却率は、耐用年数まで減価償却費を計上すれば、約10％相当額が残存するように定められているので、計算式で残存価額を考慮する必要はありません。1年目の減価償却費は以下のようになります。

定率法による減価償却費　50万円 × 0.369 ＝ 184,500円

　定率法の計算においても、事業のために使用した月数に対応する償却費のみが、その事業年度の費用に算入されます。使用月数が12カ月未満のときは、上記減価償却費を12カ月で割って事業供用月数を掛けることにより、その事業年度の減価償却費を計算します。
　定率法を定額法と比較すると、定率法は当初の償却費が大きいことが特徴です。資産購入のために費やしたお金（投下資本）を、早く費用化できますので、定率法のほうが保守的で望ましい方法といえます。

1年目の減価償却費
定額法：50万円×0.9×0.2 ＝ 90,000円
定率法：50万円×0.369 ＝ 184,500円

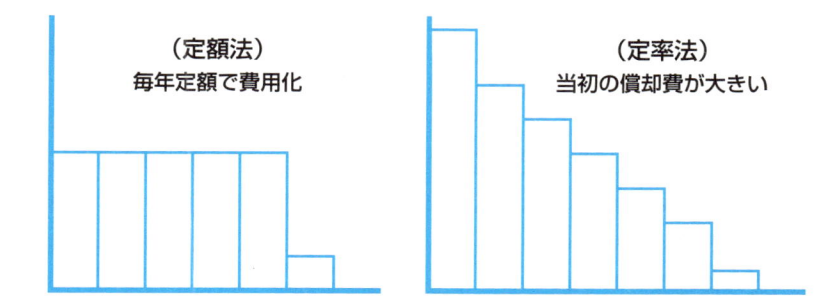

カラーコピー機
50万円

（定額法）
毎年定額で費用化

（定率法）
当初の償却費が大きい

```
減価償却費の計算に必要な情報
① 取得価額  50万円（付随費用、事業供用のための費用を含む）
② 耐用年数  5年間……耐用年数省令あり
   償却率   0.200（定額法）／0.369（定率法）……償却率表あり
③ 残存価額  会計的には有形固定資産の法定残存価額は取得価額の10％
           無形固定資産は0円（残存価額なし）
           ただし、法人税法では取得価額の5％（95％相当額まで償却可能）
```

図4-5 減価償却費を計算してみよう

5 会社が生み出す価値と上手な分配

付加価値の定義と計算方法

　会社が市場で受け入れられ、永続的に存続発展するためには「付加価値」の提供が必要不可欠です。ここでは会社の経営成果を判断する視点として、付加価値額の計算方法と、その上手な分配について見ておきましょう。

　「付加価値額」とは、会社が新たに生み出した価値（財貨）のことであり、外部から購入した価値（財貨）を控除した純生産額のことをいいます。

　実務的には、売上高から外部購入価値を差し引いて、付加価値額を計算します。外部購入価値とは、売上原価や材料費・外注加工費などの外部支払高をいいます。

　卸・小売業の場合には、売上高から、外部購入価値である売上原価を差し引いて、付加価値額を求めます。売上原価のほかに運賃や販売手数料などの外部支払高がある場合には、それらの金額も差し引きます。卸・小売業で、売上原価のほかには外部購入価値がない場合、結果として、付加価値額は売上総利益の額とほぼ等しい金額になります。

　いっぽう製造業では、売上高から当期の売上高に対応する外部購入価値である材料費、外注加工費、運賃などを差し引くことにより付加価値額を計算します。

> 付加価値額 ＝ 売上高 － 外部購入価値

　つまり付加価値とは、会社が素材などに付け加えた価値であり、付加価値額の大きさは会社の存続価値を示す重要な要素なのです。顧客の期待する「価値を付加する力」と「適正な値段を通す力」の両方が、会社の付加価値の高さを左右します。

上手な分配が大切

　付加価値については、いかに多くの付加価値を生み出すかということのほかに、もうひとつ大事なことがあります。それは、生み出した付加価値の額を、いかに「上手に分配」するかということです。

　これらの「いかに多くの付加価値を生み出すか」と、「どのように上手に分配するか」という2つの点で会社の経営力が評価されるのです。

　同業他社よりも高い付加価値を確保できる会社は、優良企業といえますが、せっかくの付加価値が下手な分配で消えてしまっては、会社の存続発展が危ぶまれます。

　付加価値の上手な分配には、経営手腕が問われるのです。分配というと難しく聞こえますが、付加価値をどのように使うのかと考えてください。

　付加価値の使い方としては、費用として消費する「費用分配」と、剰余金の配当など「利益分配」の2つがあります。

　費用分配には、労働を提供してくれる従業員、お金を貸してくれる金融機関、土地や建物を賃貸してくれる家主、安全な社会というインフラを整備してくれる国や地方公共団体などに対する分配があります。それぞれへの分配額は、給料手当、支払利息、地代家賃、租税公課などの科目で、損益計算書に表示されます。

　「利益分配」とは、株式出資の果実を期待する株主に対する剰余金の配当であり、株主資本等変動計算書に記載されます。

　会社から付加価値の分配を期待している相手先は多いのです。

従業員は「働いた対価として適正な額の給料」を期待

銀行は「お金を貸した御礼として利息の支払い」を期待

家主は「土地や建物を賃貸する対価として地代」を期待

国や地方公共団体は「安全なインフラを提供する対価として、適正な税金の支払い」を期待

株主は「出資の果実としての配当金」を期待

このような費用分配と利益分配を行ったあとの残額が、会社自身への内部留保として手許に残る金額となります。

会社の発展のためには、采配を振るって上手な分配をして、社内にも利益の分配を残さなければならないわけです。

付加価値については、その金額の大きさと上手な分配が大切ということになります。

生産性の高い会社が評価される

また付加価値額については、その付加価値額を従業員数で割った金額、つまり「1人当たり付加価値額」を見ることが大切です。

1人当たり付加価値額は、「付加価値生産性」とも呼ばれますが、付加価値生産性の金額が大きいほど、生産性の高い会社なのです。

$$\text{付加価値生産性（円）（1人当たりの付加価値額）} = \frac{\text{付加価値額}}{\text{従業員数}}$$

ここでの従業員数は期中の平均従業員数により計算し、パートタイム労働者については労働時間で人数換算をします。

付加価値生産性とは、付加価値額を従業員数で割った金額なので、先に見た費用分配や利益分配をする前の金額です。当然ながら、1人当たり付加価値額よりも高い給料を払うことはできないわけです。

労働力への分配＝「労働分配率」

会社が保有する「人、モノ、金」という経営資源では、やはり「人」の重要性が高いはずです。そのため、会社が付加価値を分配する相手先のなかでは、基本的に従業員への分配比率がもっとも高くなります。

「労働分配率」とは、会社が生み出した付加価値額を労働力、つまり人件費に、どれほど分配したかを見る指標です。人件費には、給料や賞与以外にも社会保険料の会社負担部分である法定福利費、通勤手当、慰安・保健のた

めの支出である福利厚生費、退職金の準備額なども含めます。これら間接的な給料を含めると、会社が負担する人件費は給料の1.5倍程度の金額になります。

人生の貴重な時間と能力を提供している従業員の立場としては、できるだけ多くの給料を望みます。しかしながら、会社の安定的な発展のためには、労働力にばかり付加価値を分配することは許されません。労働力以外にも分配先はありますので、労働分配率は50％程度に抑えるべきとされています。

$$労働分配率（\%） = \frac{人件費}{付加価値額}$$

企業の体質がよければ給料もアップする

従業員にとっては、毎年給料が昇給する会社が理想ですが、会社の発展のためには、売上高や付加価値額の伸び率以上に給料をアップさせることはできません。

ここで「１人当たり人件費」を分解した次の算式を見てください。

$$\underset{（１人当たり人件費）}{\frac{人件費}{従業員数}} = \underset{（付加価値生産性）}{\frac{付加価値額}{従業員数}} \times \underset{（労働分配率）}{\frac{人件費}{付加価値額}}$$

１人当たり人件費は、「付加価値生産性」（＝「１人当たりの付加価値額」）と「労働分配率」に分解できるのです。

給料をアップさせるためには、従業員１人当たりの付加価値額を高めることに努力するとともに、労働分配率は今以上に上昇しないような努力が必要だといえます。

付加価値生産性が高く、その一方で労働分配率が低い会社とは、すべての

従業員がそれぞれの持ち場で自分の能力を発揮しながら生き生きと働いている雰囲気が明るい会社ではないでしょうか。

このような会社では、経営陣と従業員の目指すべき方向が一致していますので、少数精鋭ながら全員が能率の高い仕事ぶりを発揮します。結果として、１人当たりの給料もアップできるはずです。

会社の経営状態と経理情報は経営者と従業員が共有し、会社の発展と従業員の生活安定の両方を実現する「協働」の場としたいものです。

ここで６章末のサンプル決算書を使って付加価値額、付加価値生産性、人件費、労働分配率の計算をしてみましょう。計算にあたってのルールはP205の＜決算書分析のルール＞をご覧ください。

Question 3　付加価値額、付加価値生産性、人件費、労働分配率の計算

$$付加価値額（千円） = 売上高 - 外部購入価値$$
$$= (①　　　) - (②　　　)$$
$$= (③　　　)$$

$$付加価値生産性（千円） = \frac{付加価値額}{従業員数} = \frac{(③　　　)}{(④　　　)} = (⑤　　　)$$

$$人件費（千円） = (⑥　　　)$$

$$労働分配率（\%） = \frac{人件費}{付加価値額} = \frac{(⑥　　　)}{(③　　　)} = (⑦　　　)$$

Answer 3　付加価値額、付加価値生産性、人件費、労働分配率の計算

① 5,952,600　② 4,120,060　③ 1,832,540　④ 150
⑤ 12,217　⑥ 1,339,840　⑦ 73.1

6 支払利息の負担率をチェックする

支払利息の負担率を把握する

　会社の実力利益ともいえる経常利益は、営業利益に営業外収益をプラスしたうえで、営業外費用をマイナスして計算します。
　そのため営業外費用のなかの支払利息の負担が大きいと、経常利益を残すのに苦労します。
　そこで、支払利息について「支払利息負担率」と「実質金利」の2つの視点で経営への影響度を見ます。
　「支払利息負担率」とは、売上高に対する支払利息負担率です。

支払利息負担率（％）＝ 支払利息 ÷ 売上高

　支払利息負担率を見れば、100円稼ぐために何円の資金調達コストを支払っているかがわかります。
　支払利息を負担する直前の儲けである営業利益率の高さにも左右されますが、支払利息負担率が1％を超えるようでは、せっかく稼いだ本業での利益を圧迫して経常利益を残すのに苦労することになってしまいます。

表面金利と実質金利の違い

　続いて、表面金利と実質金利の計算方法を確認しておきましょう。
　支払利息については表面的な金利だけではなく、実質的な負担率を把握することが大切です。
　「表面金利」とは、借入金残高に対する支払利息の比率です。
　一方「実質金利」とは、「純額の借入金残高」に対する「純額の支払利息」の負担率を見ようというものです。

> 純額の借入金残高 ＝ 同じ銀行に対する借入金残高から預金残高を控除した額
>
> 純額の支払利息 ＝ 支払利息 － 受取利息

　たとえばA銀行には、長期借入金（6,000万円）の借入れとともに、定期預金の残高（3,000万円）があるとします。
　定期預金を取り崩して長期借入金を返済する、つまり借入金と預金残高を相殺すれば、純額の借入金残高は3,000万円（＝ 6,000万円 － 3,000万円）となります。
　もしもA銀行に対して支払利息（180万円）を支払い、受取利息（3万円）を受け取っていれば、純額の支払利息は177万円（＝ 180万円 － 3万円）となります。
　結果として、純額の支払利息（177万円）の純額の借入金残高（3,000万円）に対する負担率は、5.9％（＝ 177万円 ÷ 3000万円）となります。

$$\text{実質金利} = \frac{\text{純額の支払利息（177万円）}}{\text{純額の借入金残高（3,000万円）}} = 5.9\%$$

　表面的な金利は3％（＝ 180万円 ÷ 6,000万円）であるものの、実質金利で見ると高い金利コストを支払っていることがわかります。
　定期預金を解約して借入金の返済に充てることができれば、実質的な借入金額を削減できると同時に金利負担も軽くできます。
　そうは言っても、金融機関との良好な関係を保つことは、もちろん大切なことです。
　しかし会社の評価を考えると、手許資金に余裕があるならば借入金の繰上返済をするとか、低利の公的融資への借り換えを検討するなど、できるだけ金利コストを節約して経常利益を計上している会社が、結果として高い評価を得ることになります。

自社の正確な実質金利負担率を把握するためには、事業年度末日の貸借対照表における借入金残高と預金残高で計算するのではなく、月次決算書における毎月末の借入金残高と預金残高の1年間の平均値を使うようにしてください。

A銀行との取引

取引金額		利息の額		利率
借入金	6,000万円	支払利息	180万円	3％
定期預金	3,000万円	受取利息	3万円	0.1％
純額の借入金	3,000万円	純額の支払利息	177万円	5.9％

5つの箱

（万円）

資産 定期預金　3,000	負債 長期借入金　6,000
	純資産
費用 支払利息(3%)　180	収益 受取利息(0.1%)　3

純額の借入金　3,000
純額の支払利息　177

左右の箱の高さは一致
実質金利は5.9％（＝177万円÷3,000万円）

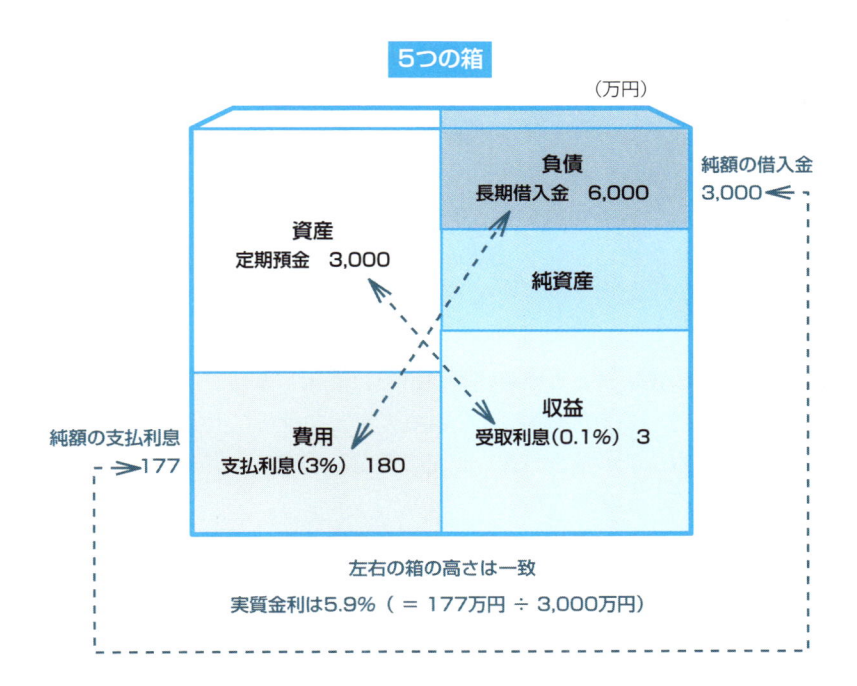

図4-6 金利負担は実質金利で見る

7　会社の税金「法人税等」は約40％

利益 ≠ 所得である理由

　会社に対して課税される法人税・法人住民税・事業税の3種類の税金を「法人税等」と呼んでいます。「法人住民税」とは、会社の本店や支店などが所在する都道府県と市区町村に支払う税金の総称です。

　基本的には、儲かっている会社ほど納税額も増えますが、法人税等は損益計算書の儲け（利益）に対して課税されるのではなく、法人税法での儲け（所得）に課税されます。

　会計上の利益と法人税での所得は異なることに注意してください。利益と所得が異なる理由は、企業会計と税法の目的が異なるためです。

　企業会計は正しい利益計算と報告を目的としています。保守主義の原則から、不明瞭な資産の計上や含み損の温存を排除し、将来予想される費用や損失はできるかぎり早めに計上することを要求しています。

　ところが税法は、税金の徴収確保と課税の公平を目的としていますので、所得を減少させる評価損の計上は原則として否認され、不確実な債務や費用計上を認めません。引当金の繰入額や減価償却費にも税務上の限度額が設けられています。

　それぞれ目的の違いがあるために、会計では費用になっても税法では損金（法人税での費用）として認められない項目や、会計では収益として認識していない取引が税法での益金（法人税での収益）に算入される項目などがあります。

　結果として、利益と所得とは一致しないのです。

　とはいえ、法人税での所得を最初から計算し直すわけではなく、図4-7のように企業会計の利益に税法固有の調整を加減算することにより、法人税の所得金額を求めます。

損益計算書の当期純利益に、税法固有の調整を加算または減算することにより、法人税での課税所得を計算します。

当期純利益　　損益計算書（P/L）計上の税引後当期純利益

＋

損金不算入項目　……費用となるが、損金とならないもの
　　（例）
　　損金の額に算入した法人税
　　損金の額に算入した住民税
　　損金の額に算入した利子割
　　損金の額に算入した納税充当金
　　損金の額に算入した附帯税等
　　交際費等・寄附金の損金不算入
　　過大役員報酬の損金不算入
　　過大役員退職金の損金不算入
　　減価償却費の限度超過額
　　引当金繰入限度超過額
　　法人税額から控除される所得税額

－

損金算入項目　……費用とならないが、損金となるもの
　　（例）
　　納税充当金から支出した事業税等
　　繰越欠損金の損金算入
　　減価償却超過額認容
　　引当金繰入限度超過額認容

－

益金不算入項目　……収益となるが、益金とならないもの
　　（例）
　　受取配当等の益金不算入

＋

益金算入項目　……収益とならないが、益金となるもの
　　（例）
　　法人税額から控除する外国子会社の外国税額

＝

課税所得　　法人税での所得金額

図4-7 法人税の所得金額の求め方

「実効税率」の計算方法

　法人税等の税率には、表面税率（44.79％）と実効税率（約40％）があります。その違いを整理しておきましょう。
　法人税等の「表面税率」とは、法人税（30％）、法人住民税（法人税額に対して17.3％、すなわち30％×17.3％＝5.19％）、そして事業税（9.6％）のそれぞれの税率を単純に合計した税率です。

表面税率 ＝ 法人税率 ＋ 住民税率 ＋ 事業税率　（44.79％）

　ただし法人税については、資本金が1億円以下である中小法人の年間所得800万円までは22％という軽減税率が適用されます。
　法人住民税の標準税率は17.3％ですが、地方自治体の財政事情により標準税率より高い超過税率で課税されることもあります。ただし、標準税率を超えて課税する場合においても、制限税率（20.7％）を超えることはできないという税率の上限が設けられています。制限税率は標準税率の1.2倍までとなっています。
　このほか、住民税には従業員数や資本金等の額に応じて課税される「均等割」があります。均等割は所得金額の大小にかかわりなく課税されるため、赤字会社や課税所得金額が0円の会社にも納税義務があります。
　事業税については、一定の中小法人の所得金額400万円までは5％、所得金額が400万円を超え800万円以下の部分は7.3％という軽減税率が適用されます。事業税についても、これらの標準的な税率を超えて課税されることもありますが、標準税率の1.2倍を超える税率で課税することは許されません。
　また、大法人に対する事業税では所得金額への課税だけではなく、「付加価値割」や「資本割」といった外形的な要素にも課税する「事業税の外形標準課税」が適用されます。
　「付加価値割」とは、単年度損益に報酬給与額、純支払利子、純支払賃借料を加算した金額です。そのため付加価値割は、報酬給与・利子・賃借料の

負担が大きいために赤字になっている会社にも課税される場合があります。

「資本割」とは、資本金額と法人税法での期末資本積立金の合計額をいいます。「外形標準」のひとつの要素として、資本金等の額が採用されているため、資本金額の大きい会社は事業税の負担が増えることになります。

なお中小法人に対しては、現在のところ、事業税の外形標準課税は適用されていません。

大法人の事業税は、所得金額に対して7.2％、付加価値割額に対して0.48％、資本割額に対して0.2％で課税され、それぞれの税額の合計となります。

このように資本金の大きさや従業員数などの違いにより、表面税率は個々の会社で若干の差異が生じます。

またこれらの法人税等のうち、法人税と住民税は法人税法での損金になりませんが、事業税だけは申告書を提出した日の損金に算入されます。

結果として、資本金1億円以下の中小法人については、**事業税が損金算入されることを計算に入れた「実効税率」は40.87％**（＝ 44.79％ ÷（100％ ＋ 9.6％））となります。

事業税の外形標準課税が適用される大法人では、資本割や付加価値割は計算に入れず、所得割の税率のみで実効税率を算出します。所得割に対する標準税率が7.2％であるため、大法人の実効税率はその分低くなります。

また事業税について、超過税率で課税されている場合には、標準税率に代えてその超過税率により実効税率を計算します。

会社の中期経営計画や設備投資計画、次節で取り上げる「税効果会計」において法人税等の負担額を考慮する場合には、実効税率が使用されます。

$$実効税率 = \frac{法人税率 ＋ 住民税率 ＋ 事業税率}{1 ＋ 事業税率} \quad (40.87％)$$

$$= \frac{30％ ＋ 5.19％（＝30％ × 17.3％）＋ 9.6％}{100％ ＋ 9.6％}$$

(参考)

法人税等の税率

　　法人税：課税所得 × 30％（中小法人の年間所得800万円までは22％）

　　住民税：法人税額 × 17.3％（制限税率20.7％）

　　事業税：課税所得 × 9.6％（制限税率11.52％）

（注1）各事業年度の所得に対する法人税率は30％であるが、資本金1億円以下の中小法人の年間所得800万円までの部分については、22％の軽減税率が適用される。

（注2）資本金が1億円以下の一定の中小法人の事業税率

　　　　年間所得400万円以下 ──────── 5％

　　　　年間所得400万円超800万円以下 ──── 7.3％

　　　　年間所得800万円超 ──────── 9.6％

（注3）大法人に対する事業税

資本金1億円超の大法人については、平成16年4月1日以降に開始する事業年度より「事業税の外形標準課税」が導入されている。

事業税 ＝ ① 所得割額 ＋ ② 付加価値割額 ＋ ③ 資本割額

① 所得割額：課税所得金額 × 7.2％（標準税率）

② 付加価値割額：
（報酬給与額 ＋ 純支払利子 ＋ 純支払賃借料 ± 単年度損益）× 0.48％

③ 資本割額：
（資本金額 ＋ 法人税別表五（一）の期末資本積立金額）× 0.2％

8 「税効果会計」で「一時差異」を調整する

税務と会計の差異には2種類ある

　法人税等の実効税率（約40％）は所得金額に対する税率なので、損益計算書の税引前当期純利益に対して、約40％の法人税等が表示されるわけではありません。

　法人税の課税所得と税引前当期純利益が一致するならば、課税所得に対する法人税等と利益に対する法人税等は一致するはずです。

　しかし、法人税法での課税所得と会計上の利益には必ず差異があるため、課税所得に対する法人税等の負担率と利益に対する法人税等の負担率にはズレが生じます。

　法人税と企業会計との差異項目には、将来のいずれかの時点で解消される差異（一時差異）と、永久に解消されない差異（永久差異）の2つがあります。

　たとえば、法人税法での償却限度額を超えて計上した減価償却費については、将来に計上すべき費用の先取りをしているだけです。いずれその資産の耐用年数が経過して減価償却計算を終えるときや、売却処分をする日までの長期で見れば、税務と会計のズレはありません。将来の費用を会計的に先取りして、税金の前払いをしているのです。これが一時差異になります。

　ところが永久差異では、税務の取り扱いと会計の取り扱いの違いは永久に解消されません。永久差異には、「交際費の損金不算入」や「寄附金の損金不算入」などがあります。営利追求を目的とすべき法人が接待や寄附で無駄遣いすべきではないという考え方から、一定の限度額を超える交際費と寄附金は損金に算入されないのです。

　法人税が独自に定めている交際費の損金不算入の規定では、不算入とされる交際費の額は、税務上の損金には算入されません。

税効果会計では「一時差異」を調整する

　税効果会計においては、これらの差異のうち、一時差異に対する税務と会計の取り扱いの違いを「法人税等調整額」により調整します。

　図4-8の例では、一時差異（900）に対する法人税等（360）を調整して、当期の会計上の利益に対する税金負担額（3,640）を表示しています。

　当期の課税所得（10,000）に対する法人税等の負担額（4,000）から、一時差異（900）に対する法人税等（360）を控除した金額が、当期の税引前当期純利益が負担すべき会計上の法人税等（3,640）なのです。

　一時差異である「貸倒引当金繰入限度超過額」と「減価償却超過額」は、将来において解消する会計と税務の時間的な差異です。

　一時差異に対する法人税等は、将来その差異が解消されるまでの法人税等の前払部分と考えます。

　実際に支払う法人税等は4,000ですが、そのうち360は税金の前払いであり将来の法人税等を減少させる効果があるわけです。

　一方、永久差異である交際費の損金不算入額（400）に対して支払う法人税等（160）は永久に取り戻せません。

　当期の税引前当期純利益が負担すべき会計上の法人税等（3,640）と、税引前当期純利益に実効税率を乗じて単純に計算した金額（3,480）との差額は、永久差異（400）に対する法人税等（160）です。

　残念ながら、永久差異に対する法人税等は名前のとおり永久に法人税等の違いは解消されませんが、一時差異に対する会計的な法人税等と税務上の法人税等の差額は、時の経過によりいずれ解消されます。

　税効果会計により、一時差異に関する法人税等の額は適切に期間配分されるため、税引前当期純利益と法人税等が合理的に対応します。

損益計算書（P/L）

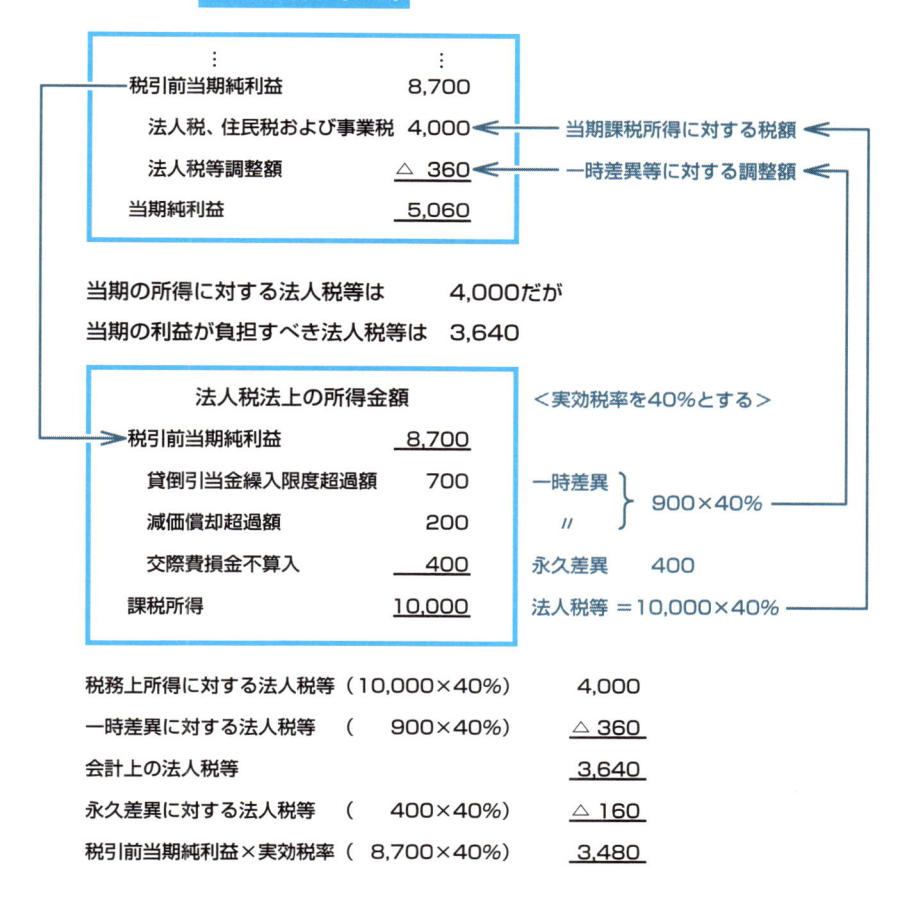

```
    ⋮              ⋮
税引前当期純利益        8,700
法人税、住民税および事業税  4,000  ← 当期課税所得に対する税額
法人税等調整額         △ 360  ← 一時差異等に対する調整額
当期純利益           5,060
```

当期の所得に対する法人税等は　　4,000だが
当期の利益が負担すべき法人税等は　3,640

```
     法人税法上の所得金額              ＜実効税率を40％とする＞
税引前当期純利益       8,700
貸倒引当金繰入限度超過額   700    一時差異  ┐
減価償却超過額        200      〃     ┘ 900×40％
交際費損金不算入       400    永久差異   400
課税所得          10,000    法人税等 ＝10,000×40％
```

税務上所得に対する法人税等（10,000×40％）　　4,000
一時差異に対する法人税等（　900×40％）　　△ 360
会計上の法人税等　　　　　　　　　　　　　　3,640
永久差異に対する法人税等（　400×40％）　　△ 160
税引前当期純利益×実効税率（8,700×40％）　　3,480

> **注** 計算の簡便化のために実効税率を40％として計算しています。

図4-8 税効果会計で一時的な差異は解消される

Question 4	損益計算書（P/L）に関する○×問題
① 損益計算書（P/L）とは、企業が所有するプラスの財産とマイナスの財産、そしてその差額である純資産の金額を一覧表にした財産表である。	
② 企業が取り扱う商品または製品の売上高から、売上原価を差し引いた利益を営業利益といい、通称「ケイツネ」という。	
③ 特別損益とは、大きく分けて、「過年度の損益修正」と「臨時・巨額の固定資産売却損益」などをいう。	
④ 企業業績を判断する第1は、売上高であり、対前年比で見て増えていれば増えているほどよい。	
⑤ 売上総利益が赤字の会社でも、営業利益が黒字の会社もありえる。	
⑥ 販売費および一般管理費の各勘定科目ごとの対前年比を求めることにより、著しく増加しているものは、その内容をチェックするべきである。	
⑦ 売上高を100として、利益額の占める割合を表わしたのが利益率である。	
⑧ 会社法および法人税法において、減価償却費の計上は会社の自由である。	
⑨ 当期中に仕入れた商品と、製造した製品の全額が売上原価に計上される。	
⑩ 税効果会計の目的は税務と会計の「永久差異」を調整することにある。	

Answer 4	損益計算書（P/L）に関する○×問題
①× ②× ③○ ④× ⑤× ⑥○ ⑦○ ⑧× ⑨× ⑩×	

Column

決算書の情報を正しくつかむ極意 ①
数字は「細分化」して見る

　決算書は、全体の数字を大局着眼で見てから個別に細分化（Breakdown）して見るようにします。総合計の数字を見たあとで、数字を細かく展開するのです。

　数字を細分化することで「強い点」と「弱い点」をあきらかにするための現状把握ができます。また、弱い点を改善するための方策の糸口を見つけることができます。

　売上高は「商品別売上高」「担当者別売上高」「本支店別売上高」「部門別売上高」などの切り口で細かく展開します。上場会社では、製品やサービス別、地域別、部門別といったセグメント情報を開示しています。

　また、損益計算書の売上高は、S（Sales：売上）＝ P（Price単価：価格）× Q（Quantities：数量または時間）に分解できます。

　売上高がダウンした場合でも、単価が下がったことによる売上減少と数量が減少したことによる売上減少では、打つべき対策も違ってきます。

　単価が下がった場合には、単価の低下の原因が、戦略的特売セールなのか、単なる値引き販売のしわ寄せなのかを調べないといけません。

　数量については、受注件数、得意先の数、イベント数、商品の販売数といった視点で細かく展開して、増減の原因を見る必要があります。

　売上高をアップさせるためには、「値引きせずに売る努力」と「リピート客の確保」の両方を心がけることが基本中の基本となります。

Column

決算書の情報を正しくつかむ極意 ②
決算書は「百分率」で見る

　全体に占める割合（「百分率」による％）を見ることで、バランスが崩れていないか、また負担率が重すぎないかどうかを見ます。
　損益計算書では、売上高を100として利益額の占める割合である利益率（＝利益÷売上高）を見れば、「儲ける力」がわかります。
　利益率とは、「商品を100円で売って何円儲けたか」という視点なので、利益率が高いほど収益力の高い会社となります。
　また、売上高に対する費用の占める割合をチェックすれば、費用のムダ遣いがないかを確かめることができます。
　費用の占める割合とは、「100円売るために何円の経費を使ったか」という意味であり、費用負担率が低いほど経営のムダを省いて効率的な経営に努力した会社といえます。
　貸借対照表の場合には、ビジネスに投入しているお金の総額である総資本（＝総資産）に占める自己資本の割合を見ます。
　会社がビジネスをする元手を「総資本（そうしほん）」といいますが、お金の集め方には「他人から借りる（負債）」か「自分が出すか（自己資本）」の２つの方法があります。
　負債は他人から借りたお金という意味で、「他人資本（たにんしほん）」といいます。他人資本は返済義務がありますし、利息などのコストがかかります。
　お金の集め方としては、自己資本のほうが望ましいのです。

第 5 章

会社の命綱は「お金」です

キャッシュフロー計算書を見る着眼点と
読みこなすステップ

> キャッシュフロー計算書における「営業」「投資」「財務」という3つの活動ごとのキャッシュフローの結果と会社経営とのかかわりを理解していただきます。キャッシュフロー計算書作成の流れとともに、利益と資金が一致しない理由を押さえてください。

1 キャッシュフローが重要な理由

キャッシュフローとは「キャッシュ」の収支

「キャッシュフロー計算書」とは、貸借対照表、損益計算書に続く財務諸表であり、証券取引法による開示規制を受ける上場会社などに、その作成が義務づけられています。1事業年度中の「キャッシュフロー」を報告する財務諸表が、キャッシュフロー計算書です。

キャッシュフロー計算書で報告するキャッシュフロー（Cash Flow ＝ C/F）とは、会社の経営活動の結果として計算されたキャッシュ（資金）のフロー（収支）、つまり、資金収支のことです。

キャッシュとは、資金（＝ 現金）のことですが、キャッシュフロー計算書でのキャッシュが意味するものは、硬貨や紙幣などの現金だけではありません。キャッシュフロー計算書では、手許現金・要求払預金のほか、容易に換金可能かつ価格変動リスクが低い短期投資（現金同等物）を「キャッシュ」と定義しています。

「要求払預金」とは、預金者が「解約したい」と要求すればすぐに引き出せる預金のことであり、当座預金、普通預金、通知預金などをいいます。

また短期かどうかの目安は、取得日から満期日または償還日までの期間が3カ月以内であるかどうかによります。

具体的には、3カ月満期のスーパー定期や譲渡性預金、優良企業が資金調達手段として振り出した約束手形であるコマーシャルペーパー（CP）、売戻しの条件がついた現先取引、公社債投資信託などがキャッシュの範囲に含まれます。

上場会社への投資額である有価証券は、キャッシュフロー計算書のキャッシュには含みません。株式を売却すれば投資資金をすぐに回収できるとはいえ、有価証券を購入した日の翌日に株価が半値になるかもしれないという価格変動リスクを抱えているためです。

```
[手許現金・要求払預金] + [容易に換金可能であり、かつ価格変動リスクが僅少な短期投資（現金同等物）]
                              ↑
                    取得日から満期日または償還日までの期間が3
                    カ月以内の短期的な投資である定期預金、譲
                    渡性預金、コマーシャル・ペーパー、売戻し
                    条件つき現先および公社債投資信託　など
```

図5-1 キャッシュフロー計算書で意味する「キャッシュ」

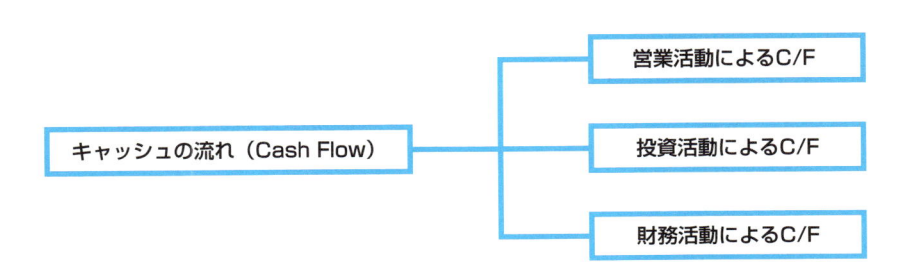

「キャッシュフロー計算書」ではお金を色分け

　キャッシュフロー計算書では、会社の活動を「営業活動」「投資活動」「財務活動」の3つに区分し、それぞれの活動ごとに資金の流れ（キャッシュフロー）を表示するとともに、結果としてキャッシュは増えたか減ったかを示します。

　キャッシュを増やすといっても、いろいろなお金の増やし方があります。売掛金を現金回収してもお金は増えるし、手形を割引に出してもお金は増え、借入れをしても、手持ちの設備資産を売ってもお金は増えます。

```
キャッシュの流れ（Cash Flow） ─┬─ 営業活動によるC/F
                                ├─ 投資活動によるC/F
                                └─ 財務活動によるC/F
```

図5-2 キャッシュフロー計算書ではお金を色分け

反対に、キャッシュが減少する原因には資産購入にお金を使う場合もあれば、借入金の返済に充てる場合もあります。あるいは本業の収入より支出が大きいために資金不足に陥っているケースも考えられます。

会社にはいろいろなお金の増やし方とお金の使い方があるので、**資金の流れの実態をつかむためには、営業活動・投資活動・財務活動という区分ごとの資金の流れの中身を詳しく見る**必要があるのです。

そこで、キャッシュフロー計算書は、1事業年度中における活動区分ごとのキャッシュの流入額と流出額の差額による資金増減額と当期末におけるキャッシュの残高を表示します。

会社にとって望ましいキャッシュの流れとは、「営業活動から多くのキャッシュを生み出す → そのお金を投資活動として積極的な設備投資に支出する → それでも余剰があれば財務活動の債務返済や株主還元にお金を使う」というパターンです。

反対に、営業活動でキャッシュが減少してしまうと、設備資産の売却代金や借入金、増資などで、その不足分に充たるキャッシュを調達しないと資金繰りが回らなくなってしまいます。

原則として、営業活動キャッシュフロー（以下「営業活動C/F」と略します）はプラスであることが望ましいです。営業活動C/Fがプラスであれば、その余剰額は会社を伸ばすための投資活動や財務活動に使うことができます。反対に、営業活動C/Fがマイナスとなれば、投資活動や財務活動で資金不足を補う必要があります。

キャッシュフロー計算書を見ることで、会社がどの活動からお金を増やしたか、または戦略的にお金を使ったか、その結果として1事業年度の経営活動の資金増減額を読み取ることができます。

中小企業にはキャッシュフロー計算書の作成義務はありませんが、キャッシュフローの基本を理解することは、経営規模の大小を問わず、すべての会社に必要なことです。

この章では、キャッシュフロー計算書が発する情報を理解するとともに、「キャッシュフロー経営」の実践とは何かを見ていきましょう。

第5章・会社の命綱は「お金」です

キャッシュフロー計算書

（理想的）　　　　　　　　　　　　　　　　　　　　　　　（資金不足体質）

```
                  営業活動 C/F
          （＋）現金売上・売掛金回収・手形決済
               手形割引入金・受取利息配当金
          （△）商品仕入・販売管理費支出
               支払利息・法人税等支払
          営業活動によるキャッシュの増減額       ← △ 不足
                  投資活動 C/F
          （＋）固定資産売却収入・貸付金回収
               投資有価証券売却収入
          （△）固定資産・有価証券取得支出
          投資活動によるキャッシュの増減額          資産の処分
                                                  持合株解消
                  財務活動 C/F
          （＋）借入金借入・株式発行による収入
          （△）借入金返済支出・配当金支払
          財務活動によるキャッシュの増減額       増資・借入
               当期中のキャッシュの増減額
```

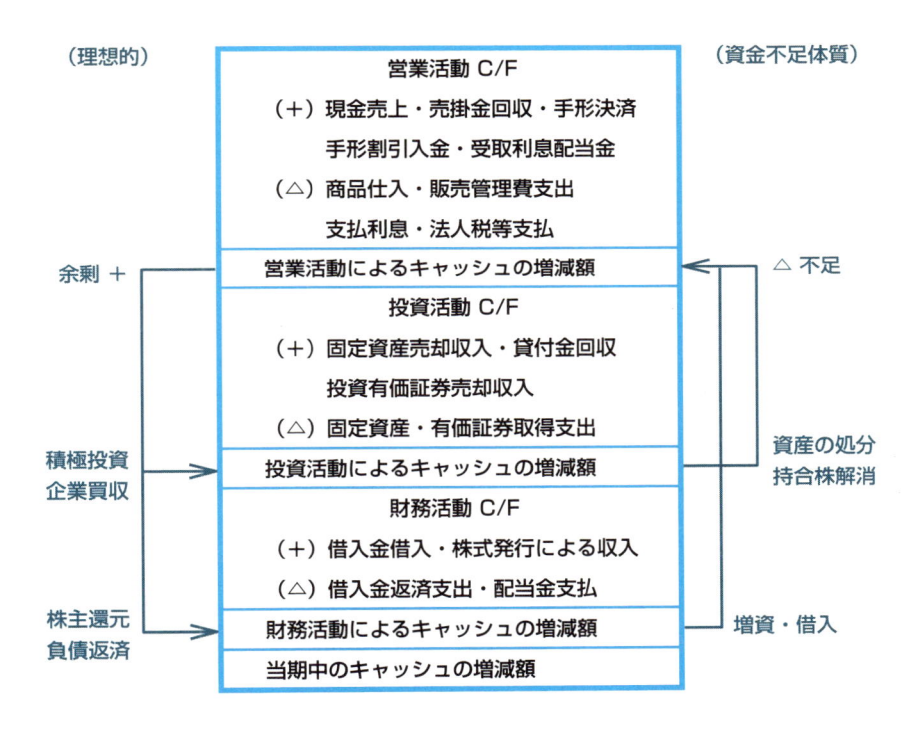

余剰 ＋

積極投資
企業買収

株主還元
負債返済

図5-3 3つの活動とキャッシュの流れ

2　利益がお金として残らない5つの理由

「利益」と「資金」は一致しない

　損益計算書での「利益」と手許に残る「お金」が、常に同額でズレがないとすれば、利益管理だけで経営の舵取りは可能です。会社の評価も損益計算書の利益の額と利益率の高さのみを業績管理指標として、経営成果の優劣をつけることができます。

　しかしながら、会社の収益や費用は現金の出入りには関係なく、会計的な事実の発生によって認識します。損益計算書では「現金主義」による利益計算は認められず、「発生主義」により利益を計算しなければならないのです。

　たとえば商品を出荷すれば、売上代金の回収にかかわらず売上が計上されます。売上高と売上入金額は同額ではないのです。

　また売上原価とは、仕入れた商品のうち当期中に売上計上した商品原価です。仕入れた商品が売れ残ったならば、その商品の仕入代金は費用に計上されず、在庫に計上されます。しかし売れても売れ残っても、商品の仕入代金は支払う必要があります。売上原価と商品仕入支出は一致しないのです。

　売上と仕入以外にも、翌期分の諸経費を前払いすることもあれば、当期分の諸経費が期末時点で未払いになっていることもあります。しかし、企業会計では、現金出入りとは関係なく、当期に対応する収益と費用を損益計算に含めるのが原則です。

　結果として、収益から費用を控除して求める利益と同額の資金が残っているとはかぎらないわけです。

　儲かってもお金がないことを「勘定合って銭足らず」といいますが、そのような事態を招かないためには、利益と資金のズレの原因を把握して管理し、「勘定合って、銭も足りる経営」を目指す必要があります。

　「利益はOpinionだが、CashはFact」という言葉のとおり、損益計算書の利益は作ることもできるが、資金の動きはごまかせません。

　そのため、損益計算書の利益だけで会社を評価するのではなく、キャッシ

ュフロー計算書の結果により、会社の実力を判断することが大事なのです。

なぜ「儲かっていて」も「お金がない」のか

損益計算書の利益と資金のズレを生む主な原因として、次のような「5つの原因」があります。

原因① 信用取引

まず、売掛金や買掛金などによる「信用取引」です。

売掛金で回収を待たされる代わりに、買掛金で支払いも待ってもらえるという信用取引は、利益と資金の時間差を生む代表選手です。掛け（ツケ）売りであっても、商品を出荷すれば売上に計上され、損益計算書上の利益は増えます。

しかし、売掛金を回収するまでお金は増えません。売掛金の回収期日が来て得意先に回収に出向くと、約束手形を渡されるかもしれません。無事に現金回収するまで、売掛金は「絵に描いた餅」なのです。

反対に商品をツケで仕入れた場合には、支払期日まで支払いを猶予してもらえるので、資金繰りが楽になります。

原因② 在庫

続いて、利益と資金のズレを生む原因は、「在庫」です。

仕入れた商品、作った製品がすべて売却され、売上代金を無事回収すれば、在庫に投資したお金を回収できます。商品仕入に投資した金額を売上入金という形で回収し、現金化するには時間を要します。

しかも通常の商売では、売上代金の回収期日よりも先に、商品仕入代金の支払期日が到来します。売上入金を待っている間に、支払代金を用立てなければならないのです。

これら信用取引と在庫に関する回収と支払いの時間のズレから生じる資金を、商売を続けるうえで必ず必要とされる資金という意味で、「運転資金」と呼んでいます。

「運転資金」とは、在庫への投資額と売上債権の合計額（お金の運用額）

が、仕入債務（お金の調達額）を超える金額であり、キャッシュフローの悩みの種です。

「ツケで商品を仕入れて、在庫を持ち、ツケで売る」という普通の商売を続けるだけで必要となる資金、それが「運転資金」なのです。

原因 ③　借入金の元金返済

3つ目の原因は、「借入金の元金返済」です。

借入金に対する支払利息は損益計算書の費用に計上されますが、元金返済は費用ではありません。諸費用を支払ったあとの純利益から追加的に資金が流出するのです。

原因 ④　設備投資

4つ目の原因には、「設備投資」による支出と費用化の時間差があります。固定資産を購入して事業に使用する場合、購入価額は一時の費用にはなりません。資産ごとの耐用年数に応じた減価償却費を計上することにより、購入後の事業年度で徐々に費用化されます。

原因 ⑤　法人税等の納付

最後に、5つ目の原因は、法人税等を納付するタイミングです。前期決算にかかる法人税等は、当期に支払います。特に税務調査による更正で追徴課税がなされた場合には、思わぬ資金負担となってしまいます。

これらのほかに、利益と資金の違いを生む原因でありながら、キャッシュフローを助けてくれる項目に、「非資金費用」があります。

非資金費用とは、減価償却費や引当金の繰入額、資産の評価損などの資金の流出しない費用です。これらの非資金費用は、損益計算書において費用計上されるものの、外部への資金流出はないため、利益以上に資金を残してくれる効果があります。

このような利益計算と資金収支計算との違いを生む原因のうち、営業活動C/Fに大きな影響を与えるのは、「信用取引」と「在庫」です。

3 実は簡単！です、キャッシュフロー計算書

キャッシュフローの結果だけなら貸借対照表でわかる

　１年間の事業活動を通して、キャッシュが増えたか減ったかは、前期末の貸借対照表と当期末の貸借対照表の「現預金残高の増減額」を見れば一目瞭然です。

　たとえば、次ページの図5-4の貸借対照表での現預金残高は、第５期末の250から第６期末は200へと、50減少していることがわかります。

　しかし、現預金の増減理由については、キャッシュフロー計算書を作成してみなければわかりません。

　キャッシュフロー計算書を作成することで、当期の営業活動において現預金が130減少し、財務活動で80調達したものの事業活動全体では50の資金減となっていて、設備投資に回す資金の余裕額がないという実態が見えます。

　このうち営業活動C/Fについてのみ、「直接法による表示」と「間接法による表示」という２つの方法があります。

「直接法」なら収支状況がはっきりわかる

　図5-4は営業活動C/Fを直接法により表示したキャッシュフロー計算書です。直接法による表示では、営業収入からもろもろの営業支出を直接的に控除する形で資金増減額を表示します。

① 「売上高」を「売上入金」に置き換える

　営業活動C/Fにおいて資金流入額の中心となるのは売上高ですが、損益計算書の売上高ではなく、「売上入金額」（＝ 営業収入）に置き換えて表示します。

　売上高と売上入金額との違いを生む原因は、前期末と当期末の「貸借対照表の増減額」に表われます。

貸借対照表（B/S）

第5期　　　　　　　　　　　　　　　　（百万円）

資産		負債および純資産	
現金	250	買掛金	260
売掛金	350	未払費用	20
商品	150	未払法人税等	30
備品	200	短期借入金	440
土地	200	資本金	100
減価償却累計額	△50	利益剰余金	350
投資有価証券	100		
合計	1,200	合計	1,200

貸借対照表（B/S）

第6期　　　　　　　　　　　　　　　　（百万円）

資産		負債および純資産	
現金	200	買掛金	280
売掛金	450	未払費用	10
商品	250	未払法人税等	10
備品	200	短期借入金	520
土地	200	資本金	100
減価償却累計額	△80	利益剰余金	400
投資有価証券	100		
合計	1,320	合計	1,320

損益計算書（P/L）

第6期　　　　　　　　　　　（百万円）

売上高	2,400
売上原価	2,000
売上総利益	400
販売費および一般管理費	300
営業利益	100
営業外収益	
受取利息	10
営業外費用	
支払利息	30
経常利益	80
特別利益	0
特別損失	0
税引前当期純利益	80
法人税等	30
当期純利益	50

注　販売管理費に減価償却費30を含む
　　未払費用は販売管理費に関するものである

キャッシュフロー計算書

第6期　　　　　　　　　　　　　　　（百万円）

Ⅰ．営業活動C/F		
営業収入	2,300	
商品仕入支出	△2,080	
販売管理費支出	△ 280	直接法による表示
利息収入	10	
利息支払額	△ 30	
法人税等の支払額	△ 50	
	△ 130	
Ⅱ．投資活動C/F	0	
Ⅲ．財務活動C/F		
短期借入金借入額	80	
現金減少額	△ 50	

補助計算：

売上高	2,400
売掛金増加額	△100

売上原価	△2,000
買掛金増加額	20
商品増加額	△100

販売管理費	△300
未払費用減少額	△10
減価償却費	30

法人税等	△30
未払法人税等減少額	△20

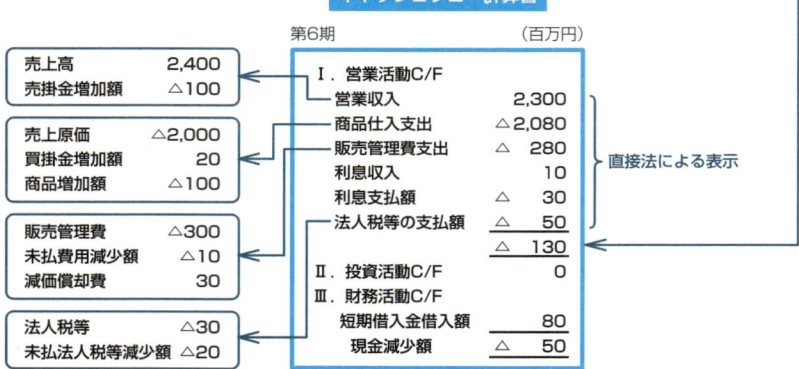

図5-4 直接法により「営業活動C/F」を表示

この会社が「現金売り」による商売をしていれば、当期中の売上高と同額の売上入金があったはずです。しかし、この会社はツケで商品を売っています。

　ツケで売った商品代金の未収額は、貸借対照表に売掛金として計上されます。この会社の貸借対照表での売掛金を見てください。第5期末の売掛金は350ですが、第6期末の売掛金は450へと100増えています。

　1事業年度中において売掛金が100増加したのは、未回収の売上代金が増えたということであり、回収が遅れていることを意味します。

　そこで、売上入金額は次のように計算されます。

売上高	2,400	（現金売りならばこれだけ入金）
売掛金の増加額	△　100	（回収が遅れている）
売上入金額	2,300	（実際に回収できた額）

　損益計算書の売上高と資金収支計算の「営業収入」とのズレは、貸借対照表の関連する科目の増減額に表われます。

　当期の貸借対照表をじっと見つめていても、ヒントはつかめません。大事なのは、前期末と当期末の貸借対照表の「差額」なのです。

②「売上原価」を「商品仕入支出」に置き換える

　続いて、仕入に関する費用も損益計算書での売上原価ではなく、実際に資金が流出した「商品仕入支出額」を表示します。

　この会社が、「現金仕入れで、売れ残りなし」の商売をしているならば売上原価と同額の商品仕入支出があったはずです。

　しかし、実際にはツケで商品を仕入れて売れ残りを抱えています。貸借対照表に計上されている仕入れのツケである買掛金と商品が損益計算と資金収支計算の食い違い（ズレ）を生む原因です。

　商品仕入支出額は、売上原価に買掛金と商品の増加額に表われるズレを調

整して計算します。

　買掛金は前期末残高260から当期末残高280へと増加しており、この増加額20は支払いを待ってもらっている調達額（お金の集め方）が増えたということです。一方、商品の増加額100は資金運用額（お金の使い方）が増えたということを意味します。

　その結果、商品仕入支出は次のように計算します。

売上原価	△2,000	（現金仕入ならばこれだけ支出）
買掛金の増加額	20	（支払を待ってもらっている）
商品増加額	△ 100	（売れ残った分の支払い額）
商品仕入支出	△2,080	（実際に現金で支払った額）

③「販売管理費」を「販売管理費支出」へ置き換える

　販売管理費を現金ベースでの販売管理費支出へ置き換える場合も、損益計算書の販売管理費の金額に関連する未払費用の増減額を加減算することにより求めます。

　未払費用は前期末残高20から当期末残高10へ減少しています。未払費用とは支払いを猶予してもらっている金額ですから、未払費用の減少は、お金の調達が減った、つまり販売管理費の金額よりも資金支出が多いということです。また、減価償却費は資金が流出しない費用です。

　結果として、販売管理費支出は次のとおり計算されます。

販売管理費	△ 300	（すべて現金払いならばこれだけ支出）
未払費用の減少額	△ 10	（未払分の支払いにより現金減少）
減価償却費	30	（資金が流出しない費用）
販売管理費支出	△ 280	（実際に現金で支払った額）

④「法人税等の支払額」を表示する

　営業活動C/Fでは、法人税等の支払額を営業支出として控除します。ただし、損益計算書で費用計上した法人税等の額ではなく、現金ベースでの法人税等支払額を記載します。

　法人税等のツケである未払法人税等が減少しているのは、損益計算書で費用計上した法人税等の額以上に税金支払いのための資金が流出しているということです。

法人税等	△	30	（現金払いならばこれだけ支出）
未払法人税等の減少額	△	20	（未払税金の支払いで現金減少）
法人税等の支払額	△	50	（実際に現金で支払った額）

　投資活動C/Fについては、土地も投資有価証券も変動がなく、収入も支出も「0」です。また、短期借入金は前期末と当期末の貸借対照表で80増加しており、財務活動C/Fにおいて「借入金借入額」により資金調達を行ったことがわかります。

　このように損益計算を資金収支に置き換えるヒントも、実は「5つの箱」にあります。「5つの箱」は、お金の集め方とお金の使い方の縮図だからです。

　お金と反対側の箱である「負債」「純資産」「収益」の増加、もしくは、お金と同じ側の箱である「費用」「お金以外の資産」の減少は、お金を増やすのです。

　そして、お金と反対側の箱である「負債」「純資産」「収益」の減少、もしくは、お金と同じ側の箱である「費用」「お金以外の資産」の増加はお金を減らすのです。

「間接法」で勘定合って銭足らずの実態が見える

営業活動C/Fの間接法による表示は、純利益の金額に利益がキャッシュとして残らない原因を間接的に加減算します。「現金商売ならば、純利益とほぼ同額のキャッシュが残るはず」という考え方です。

このとき純利益に間接的に加減算する項目のほとんどが、前期末の貸借対照表と当期末の貸借対照表との増減額なのです。

税引後の当期純利益ではなく「税引前当期純利益」からスタートするのは、法人税等の支払額を表示させるためです。法人税等を費用計上したあとの当期純利益からスタートすると、法人税等のツケ（未払法人税等）の増減額が表示されるだけになってしまうからです。

キャッシュフロー計算書

第6期　　　　　　　　　　　　　（百万円）

I. 営業活動C/F		
税引前当期純利益		80
売掛金増加額	△	100
買掛金増加額		20
商品増加額	△	100
未払費用減少額	△	10
減価償却費		30
法人税等支払額	△	50
	△	130
II. 投資活動C/F		0
III. 財務活動C/F		
短期借入金増加額		80
現金減少額	△	50

→ 間接法による表示（税引前当期純利益〜法人税等支払額）

貸借対照表および損益計算書は、P160に掲載しています

図5-5 間接法により「営業活動C/F」を表示

ここで、もういちど「5つの箱」において、お金は左側にあり、左右の高さは常に一致するというルールを思い出してください。

お金と同じ側の売掛金や商品が増えるとお金は減少し、お金と反対側の買掛金が増えるとお金は増加し、未払費用が減少するとお金は減少します。

売掛金増加額と商品増加額、未払費用の減少額はお金を減少させる原因であるためマイナスし、買掛金の増加額はお金を増加させる原因であるためプラスします。

また減価償却費は資金流出がない費用であるため加算します。

なお、直接法による表示と同様に、キャッシュフロー計算書に表示するのは、損益計算書での法人税等の費用計上額ではなく、現金ベースでの法人税等の支払額です。

重要なのは「営業活動C/F」

営業活動C/Fには、営業損益の計算対象である取引のほかに、投資活動C/Fおよび財務活動C/F以外の取引によるキャッシュフローのすべてが表示されます。

「営業」活動という言葉のイメージから、損益計算書の営業利益を思い浮かべますが、営業利益ではなく「経常利益見合いのC/F」です。営業活動C/Fでは、受取利息と支払利息を収支計算に含めますので、経常利益が計算されるまでの経営活動の資金収支額にほぼ近いのです。

ただし法人税等の支払額は、営業コストとして営業活動C/Fに含めますので、「税引後の経常利益見合いのC/F」であるといえます。

営業活動C/Fを見れば、主たる営業活動でどれほどキャッシュを獲得しているかがわかります。営業活動C/Fの結果、キャッシュが増加しているならば、ほかからの資金調達に頼ることなく、自力で営業していく能力を維持できていると判断できます。

基本的には、営業活動で得た余剰資金で新規の設備投資を行い、借入金を返済し、配当金を支払うことができる経営が理想です。

反対に、営業活動C/Fがマイナスであれば、土地や機械など所有資産の売却代金や、借入金の調達などで資金繰りをヤリクリしなければなりません。

4 営業活動C/Fをじっくり見てみよう

営業活動C/Fはプラスであるべきだが……

　営業活動C/Fは、本業での資金収支なので、基本的にはプラスの金額を確保する必要があります。営業活動C/Fがマイナスである会社は本業から資金の余剰を生み出せなかった会社です。数年間にわたり、営業活動C/Fのマイナス状態が続くようでしたら、いずれ資金が枯渇してしまいます。そのため、キャッシュフロー計算書は、まず営業活動C/Fの中身をじっくり見ます。

　まずキャッシュフローを改善する第一歩は、なんといっても利益を確保することですので、税引前当期純利益はプラスであるべきです。

　減価償却費は資金流出のない費用であり、キャッシュフローを助ける項目ですので、税引前当期純利益に加算します。ただ減価償却費は過去の投資結果を回収しているものであり、会社の将来の収益力を表わしているわけではありません。来年度も同額の減価償却費の計上がなされるとはかぎらないということです。税引前当期純利益の額が少なかったり、マイナスなのに、減価償却費の額で営業活動C/Fのプラスを確保している会社では、来年度の営業活動C/Fが減少することも予想されます。税引前当期純利益と減価償却費のバランスを見ることも大事なことです。

　営業活動C/Fのその他の調整項目については、特に在庫や売上債権の増加が営業活動C/Fに悪い影響を与えていないかチェックします。

　純利益からマイナスされている「棚卸資産増加額」や「売上債権増加額」が大きい場合には、不良在庫や滞留債権のシグナルかもしれません。

営業活動C/Fも1年だけでは判断できない

　営業活動C/Fの区分には、営業損益計算の対象となった取引にかかるキャッシュフロー、営業活動にかかる債権・債務から生じるキャッシュフローならびに、投資活動および財務活動以外の取引によるキャッシュフローを記載

します。

「営業損益計算の対象となった取引」とは、商品やサービスの販売による収入、商品や役務の購入による支出などをいい、売上高、売上原価、販売費および一般管理費などに含まれる取引にかかるキャッシュフローです。

「営業活動にかかる債権・債務から生じるキャッシュフロー」とは、商品および役務の販売により取得した手形割引による収入および営業債権のファクタリング（債権の売買）などによる収入です。相手先の経営状態が悪化したため固定資産に計上している破産債権・更生債権等を回収した場合も、それら破産更生債権等は、営業活動にかかる債権なので、営業活動C/Fの収入に含めます。また、貸倒損失として償却済みであった売上債権を現金回収した場合にも、営業活動C/Fの収入に含まれます。

取引先への前渡金や営業保証金の支出および取引先からの前受金や営業保証金の収入なども営業活動C/Fに含まれます。

「投資活動および財務活動以外の取引によるキャッシュフロー」とは、災害による保険金収入、損害賠償金の支払い、巨額の特別退職金の支給などをいいます。

つまり営業活動C/Fには、通常の営業活動によるキャッシュフローのほか、災害による保険金収入、損害賠償金の支払い、リストラに伴う退職金の支給額などのすべてが表示されるわけです。

本業とはいえ、臨時的な取引による資金の増減額も含まれますので、営業活動C/Fの良しあしも単年度だけでは判断できません。

営業活動C/Fを徹底理解（実務編）

ほとんどの上場会社では、営業活動C/Fについて「間接法による表示」を採用してキャッシュフロー計算書を作成・報告しています。

P170の図5-6のサンプルで営業活動C/Fの中身を確認しておきましょう。

① 初めに利益ありき

キャッシュフロー計算書では、法人税等の支払額を営業コストとして表示するために、税引前当期純利益からスタートします。本来なら、「利益と同

額のお金も残っているはず」という考え方に基づき、利益と資金のズレを調整します。

② 減価償却費
　減価償却費は資金流出のない費用であり、資金の増加項目として利益に加算します。

③ 損益計算書の特別損益項目
　有形固定資産売却損益を加減算しているのは、税引前当期純利益の計算には反映されているが、資金収支を伴わない項目を調整するとともに、特別損益項目を計上する前の利益に戻すためです。損益計算書での純利益の計算において減算された特別損失項目はプラスし、利益に加算された特別利益項目はマイナスします。
　営業活動C/Fにおいて、損益計算書の有形固定資産売却損と売却益を取り消すと同時に、売却対価は投資活動C/Fに記載します。
　為替差損についても同じように、損益計算書の数字を取り消すことで為替差損を計上する前の利益に戻します。

④ 非資金費用
　償却額・引当金は資金流出のない費用であり、増加は資金増加項目として利益に加算し、減少は資金減少項目として利益から減算します。

⑤ 受取利息配当金と支払利息の取り扱い
　受取利息、受取配当金と支払利息については、少々面倒なのですが、「小計」の金額を利息や配当計上前の営業利益段階に戻すため、損益計算書での発生主義による計上額を小計の上において取り消し、もう一度、小計の下で現金ベースでの受取額と支払額を加減算します。
　未払利息、未収利息、前受利息など、利息について経過勘定を計上している場合に、発生額と資金収支額を調整するのが目的です。
　未収利息や未払利息などの経過勘定がなければ、「小計」の上にも「小計」

の下にも同じ金額が表示されます。

⑥ 貸借対照表の資産と負債の増減額

資産と負債科目について、前期末と当期末の貸借対照表における増減額を利益に加減算します。「5つの箱」のルールどおり、資産増加と負債減少は資金の減少、資産減少と負債増加は資金の増加と考えます。

これら①～⑥の調整により、営業活動C/Fの途中に記載される「小計」は、営業利益が計算されるまでの活動、つまり、受取利息や支払利息を考慮する前の資金収支であり、「営業利益見合いのC/F」といえます。

⑦ 法人税等の支払額

キャッシュフロー計算書では、法人税等支払額を営業活動に伴う資金流出として取り扱います。

⑧ 投資活動C/F

固定資産の売却対価が投資活動C/Fの収入に計上され、営業活動C/Fでは損益計算書の売却損益部分を取り消す形で調整します。

⑨ 財務活動C/Fでの長期借入金の表示

長期借入金については、借入額と返済額を相殺して表示せず、総額表示するのが原則です。

⑩ 現金および現金同等物にかかる換算差額

外貨建の「現金および現金同等物」から発生する為替差益または為替差損については、独立させて「現金および現金同等物にかかる換算差額」として表示します。

キャッシュフロー計算書

(百万円)

Ⅰ．営業活動によるキャッシュフロー		
税金等調整前当期純利益	100,000	① P/Lの税引前当期純利益
減価償却費	10,000	② 非資金項目
有形固定資産売却損	20	③ 損益計算書の数字を逆に表示して取り消す
有形固定資産売却益	△ 10	
社債発行差金償却額	30	
貸倒引当金の増加額	80	④ 非資金項目
退職給付引当金の増加額	50	
受取利息および受取配当金	△ 700	⑤ 損益計算書の数字を逆に表示して取り消す
支払利息	400	
為替差損	10	③
売上債権の増加額	△ 800	⑥ 資産の増加は資金減
棚卸資産の減少額	200	負債の増加は資金増
仕入債務の減少額	△ 900	資産の減少は資金増
未払消費税などの増加額	400	負債の減少は資金減
小　　計	108,780	営業利益見合いのC/F
利息および配当金の受取額	600	⑤ 現金ベースでの受取額・支払額
利息の支払額	△ 300	
法人税等の支払額	△ 3,500	⑦ 営業活動に含める
営業活動によるキャッシュフロー	105,580	
Ⅱ．投資活動によるキャッシュフロー		
有形固定資産の売却による収入	50,030	⑧ 総額表示
有形固定資産の取得による支出	△ 152,800	
投資活動によるキャッシュフロー	△ 102,770	
Ⅲ．財務活動によるキャッシュフロー		
長期借入れによる収入	34,400	⑨ 長期借入金は総額表示
長期借入金の返済による支出	△ 35,610	
財務活動によるキャッシュフロー	△ 1,210	
Ⅳ．現金および現金同等物にかかる換算差額	50	⑩
Ⅴ．現金および現金同等物の増減額	1,650	1事業年度中の現金等の増減額
Ⅵ．現金および現金同等物の期首残高	128,000	前期末B/Sの現金等
Ⅶ．現金および現金同等物の期末残高	129,650	当期末B/Sの現金等

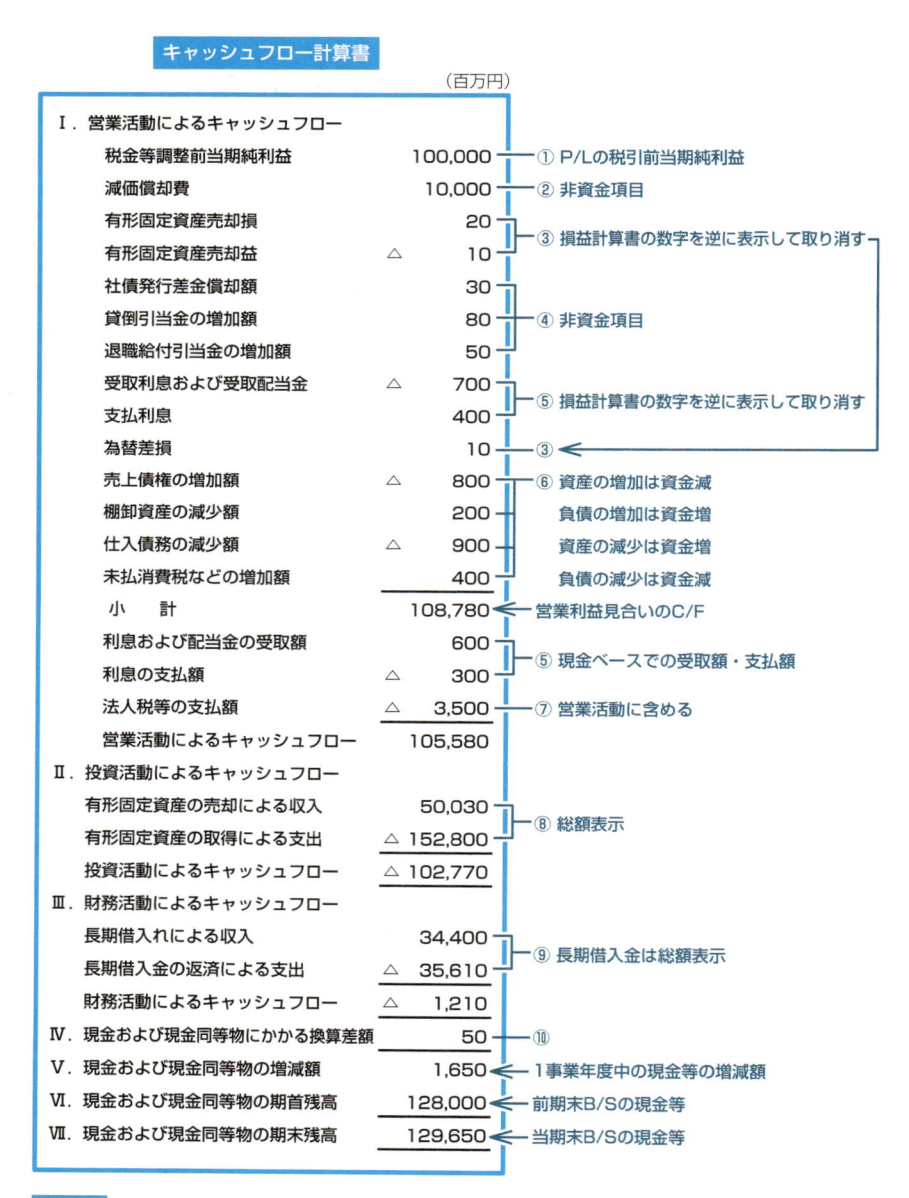

図5-6 営業活動C/Fを徹底理解

5　投資活動C/Fのマイナスは評価される

前向きな設備投資のための資金支出は評価される

　投資活動C/Fには、固定資産の取得と売却、現金同等物に含まれない有価証券などの取得と売却によるキャッシュフローを表示します。
　具体的には、次のような収入と支出について総額表示することにより資金収支額を求めます。

---

① 有形固定資産および無形固定資産の取得による支出

② 有形固定資産および無形固定資産の売却による収入

③ 投資有価証券の取得による支出

④ 投資有価証券の売却による収入

⑤ 資金の貸し付けによる支出

⑥ 貸付金の回収による収入

注 通常の会社では貸付金の貸し付けおよび回収は本業でないため、⑤、⑥は投資活動に含めます。

　投資活動C/Fからは、将来の利益獲得のための設備投資へどの程度のお金を支出しているか、または資金運用や資産売却などで資金を回収したのかを読み取ることができます。
　通常、前向きな設備投資をしているならば、投資活動C/Fはマイナスとなります。
　反対に、不要な資産の売却や持ち合い株式の解消など、資産構造の見直しをして、貸借対照表の再構築を進めている会社では、投資活動C/Fがプラスとなることも考えられます。
　投資活動C/Fと財務活動C/Fは、原則として、収入と支出を「総額」で

表示する方法による表示のみとなっています。

ただし、期間が短く、かつ回転が速い項目にかかるキャッシュフローについては、「純額」で表示することができます。

たとえば、短期貸付金の貸し付けと返済が連続して行われている場合のキャッシュフロー、有価証券の取得と売却が連続して行われている場合のキャッシュフローについては、純額表示でかまいません。

具体的には、1事業年度中に短期貸付金を2億円貸し付け、3億円回収した場合に、「短期貸付金の回収による収入1億円」と資金収入を純額で投資活動C/Fに記載してもよいということです。

それぞれのキャッシュフローから読み取れること

これまで見てきた営業活動C/F、投資活動C/F、そして次節から取り上げる財務活動C/Fの結果から、次のことが読み取れます。

会社のC/F	営業活動C/F	外部からの資金調達に頼ることなく営業能力を維持し、新規の設備投資を行い、借入金を返済し、配当金を支払うためにどの程度の資金を会社の主たる営業活動から獲得できたかどうか
	投資活動C/F	将来の利益獲得および資金運用のためにどの程度の資金を支出し、または回収したか
	財務活動C/F	営業活動および投資活動を維持するために、どの程度の資金が調達されたか、または返済されたか

6 財務体質の健全化と株主還元への支出

財務活動C/Fの中身

　財務活動C/Fの区分には、借入および株式または社債の発行による資金の調達ならびに借入金の返済および社債の償還、配当金の支払いなどの取引にかかるキャッシュフローを記載します。

　具体的には、次のような収入と支出について総額表示することにより資金収支額を求めます。

---

① 株式の発行による収入（増資などでの資金調達）

② 自己株式の取得による支出（自己株式の取得にかかる支出と自己株式の売却による収入は、その事由にかかわらず財務活動C/Fの区分に記載することとされている）

③ 配当金の支払い

④ 社債の発行および借り入れによる収入

⑤ 社債の償還および借入金の返済による支出

　財務活動C/Fからは、営業活動と投資活動を維持するための資金調達および返済によるキャッシュフローを読み取ることができます。

　通常は、財務活動C/Fでは、増資や新規の借入金の増加などがあればプラスとなり、借入金の元金返済や配当金支払いなどによりマイナスの結果となります。

　財務活動C/Fも投資活動C/Fと同じように、原則として、収入と支出を総額で表示する方法による表示のみとなっています。

　そのため、長期借入金の借入額と返済額についても「総額」で表示するのが原則です。

たとえば、1事業年度中に長期借入金を2億円借り入れ、3億円返済した場合に、「長期借入金の返済による支出1億円」として純額で資金支出を記載するのでは情報不足なのです。

「長期借入れによる収入2億円」と同時に、「長期借入金返済による支出3億円」を財務活動C/Fに総額で記載します。

ただし、短期借入金の借り換えなど、期間が短くかつ回転が速い項目にかかるキャッシュフローについては、「純額」表示が認められます。

「フリーキャッシュフロー」とは自由なお金

会社のキャッシュフローを考えるうえで、「フリーキャッシュフロー」という大切な概念があります。フリー（Free）は「自由」という意味ですから、フリーキャッシュフロー（Free Cash Flow、略してFCF）とは、誰にとっても自由なお金です。

つまり、会社自身も設備投資や債務返済などに自由に使うことができ、株主もより多くの配当を要求でき、その他の利害関係者も安全性の高い分配を期待できる自由資金ということです。

フリーキャッシュフローは、営業活動C/Fの額から現状維持のための設備投資額、安定配当支払額、持ち合い株への投資額などを差し引いた金額です。

しかしキャッシュフロー計算書を見ても、設備投資については「有形固定資産の取得による支出」と記載されているだけで、その中身まではわかりません。

言い換えれば、他社の設備投資額について、通常の投資なのか積極投資なのかを区別することは困難ということです。そのため、簡便的には営業活動C/Fと投資活動C/Fの合計額がフリーキャッシュフローと捉えられています。

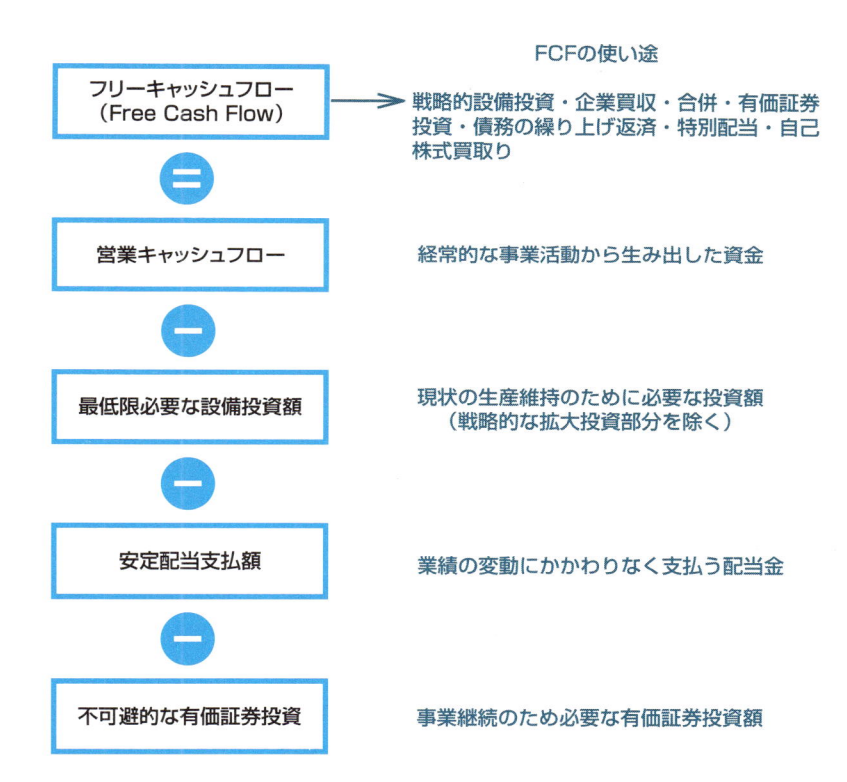

```
フリーキャッシュフロー              FCFの使い途
(Free Cash Flow)      ──▶  戦略的設備投資・企業買収・合併・有価証券
                            投資・債務の繰り上げ返済・特別配当・自己
         =                  株式買取り

   営業キャッシュフロー         経常的な事業活動から生み出した資金

         −

  最低限必要な設備投資額         現状の生産維持のために必要な投資額
                              (戦略的な拡大投資部分を除く)

         −

    安定配当支払額             業績の変動にかかわりなく支払う配当金

         −

  不可避的な有価証券投資         事業継続のため必要な有価証券投資額
```

注　簡便的には、「FCF ＝ 営業活動C/F ＋ 投資活動C/F」と計算する

図5-7 「フリーキャッシュフロー(FCF)」の計算方法

7 キャッシュフロー経営を実践する会社は◎

キャッシュを有効に活用できる会社こそがいい会社

ここ数年来、「キャッシュフロー経営」という言葉がよく聞かれます。いったい、キャッシュフロー経営とは、どういう意味なのでしょうか？

直訳すれば、キャッシュ（資金）のフロー（収支）を重視した経営ということです。商売は利益で決済するのではなく、キャッシュで支払うのだから、常に資金収支を管理して資金不足が起きないようにしなさいとの警告にもとれます。

ただキャッシュフロー経営では、今すぐ回収できる収入だけを重視するのではありません。短期的な視点のみでキャッシュフローの増大を目指すと、新規開拓や新商品開発、新市場開発等の資金支出を伴う投資活動に消極的になるなどの弊害が出てしまいます。

キャッシュフロー経営の実践とは、将来的にもキャッシュフローを創出できる会社になること、つまり企業の将来価値を増大させることです。それには、本業からキャッシュを生み出すとともに、そのキャッシュを貯め込むのではなく、投資活動と財務活動で有効に活用する経営姿勢が求められます。

では、次に掲げるC/Fの結果からそれぞれの会社の企業体質を考えてみてください。

（百万円）

	A社	B社	C社	D社
営業活動C/F	500	800	△500	△600
投資活動C/F	100	△200	300	△500
財務活動C/F	200	△300	300	1,200
資金増減額	800	300	100	100

図5-8 キャッシュフロー（C/F）と企業体質

A社は、営業活動C/F、投資活動C/F、財務活動C/Fのすべてがプラスで、資金は潤沢ですが、使い途が明確ではありません。戦略的な投資や企業買収に備えて資金準備をしているのであれば話は別ですが、当期を見るかぎり、効率経営のできないキャッシュリッチなだけの会社です。
　B社は経常的な企業活動で生み出した資金を、健全に投資活動と財務活動に使っています。キャッシュフロー経営という観点では、現在のところ4社のなかで一番成功している会社といえます。
　C社は、本業が不調であるため、資産の売却や増資・借入金により資金不足を補っている会社です。
　D社は設立間もないベンチャー企業に多く見られるキャッシュフローの結果です。本業でのキャッシュフローの回収はできていませんが、借入金や増資などによる多額の資金調達で積極的に投資活動を行っています。ビジネスに芽があれば優良企業へと大化けするかもしれません。

　会社は、「社会貢献」を伴う経営活動を通して、適正な利益を得て、その利益を株主や従業員、そして納税という形で社会にも還元します。
　そして、会社自身にも内部留保という形で利益剰余金に利益を貯めていき、将来のための投資にも備えています。
　つまり、会社経営の好循環とは、本業で社会に受け入れられるいい商品やサービスを提供して利益を計上し、その利益を確実に現金として回収し、将来発展のためにお金を上手に活用していくことです。
　今だけではなく将来も魅力的な会社であり続けるために、現状に踏み止まることなく変革していかなければなりません。
　将来も本業でキャッシュを生み出すためには、ムダな支出は削減してキャッシュを残す一方で、将来の利益の源泉となる商品開発や市場開発などへの投資や財務体質改善のための支出などは惜しまない活きたお金の使い方が求められます。
　キャッシュフロー経営とは、目先のキャッシュフロー改善ではなく、将来の会社の企業価値を高めることなのです。

キャッシュフロー経営を実践するために

　この章の内容を振り返りながら、まとめとして「キャッシュフロー経営を実践」するために求められることを考えてみましょう。

　キャッシュフロー経営を実践するためには、まず第一に業績管理指標を、損益だけではなくキャッシュフローとする必要があります。損益計算書の利益は、会計のルールである「発生主義」により計上されますので、「現金主義」によるキャッシュフローとは一致しません。

　売上高と売上入金は異なり、売上原価と商品仕入支出も異なります。また設備投資のための資金支出額は、一時の費用にならず、その後の事業年度に計上する減価償却費を通して費用化されます。

　つまり、損益計算書の利益を見ても、キャッシュフローはつかめないのです。またキャッシュフロー経営のためには、全社のキャッシュフローだけではなく、支店別キャッシュフロー、製品別キャッシュフロー、部門別キャッシュフローなどを把握し、業績管理指標とします。

　営業担当者の業績評価指標には売上高や利益額だけではなく、売掛金回収率や在庫圧縮額を加えるなど、社員全員が金利意識を持ち、キャッシュフローの増大を目指すしくみを作ります。

　そしてキャッシュフローを改善するためには、利益と資金のズレをなくし、本業の儲けを確実に、キャッシュとして残す必要があります。せっかく儲かっていてもお金がないのでは困りますので、キャッシュフローに影響をおよぼす項目について重点管理しなければなりません。具体的には、売上債権、在庫、固定資産への投資額が、キャッシュフローを悪化させていないか常にチェックすることが大切です。売上債権の焦げつきを起こさないこと、在庫管理をしっかり行うこと、ムダな固定資産への投資をしない「回転率の高い」経営が求められるのです。また、儲かっている会社では、当期所得の約40％は法人税等の支払いとして資金が流出しますので、健全な節税知識も大事です。

　このような経営の基本とともに、短期的な視点だけではなく、将来もキャッシュフローを創出し続けることのできる会社、それがキャッシュフロー経営を実践している会社だといえます。

Column

決算書の情報を正しくつかむ極意 ③
決算書は数期分を見る

会社の業績は、次の４つのパターンで語られます。

① 増収増益	売上も増加して利益も増加した	
② 増収減益	売上は増加したものの利益は減少した	
③ 減収増益	売上は減少したが、利益は増加した	
④ 減収減益	売上も利益も減少した	

これらは、すべて前期の数字と比較した結果です。

会社経営の歩みは過去からの延長線上にあるため、過去を切り離した当期の数字だけでは経営の実態を判断することはできません。

数字を見るときには、過去の数字との比較（趨勢）が大切なのです。

数字の趨勢を正しく把握することにより、企業の健全なる「成長」と単なる「膨張」を区別することもできます。

前期よりも売上高が伸びていることはもちろん望ましいのですが、無理な押し込み販売をするためにリベート（売上割戻し）を多額に支払ったり、接待攻勢で受注を取ったのでは、利益額は伸びていないはずです。

そこで、「売上高増加率」だけでなく、「利益増加率」をあわせてチェックします。厳しい見方をすれば、売上高増加率よりも利益増加率の高い会社が、本当の意味での成長をしているといえます。

決算書１期分だけを見て、経営成績や財政状態を判断することは危険なことです。会社の正しい財産の状況と儲ける力、資金繰りの安定を見るためには、数期分の決算書の推移を見なければなりません。

少なくとも３期分、できれば５期分の決算書を比較したいところです。

Column

決算書の情報を正しくつかむ極意 ④
単位当たりで「生産性」の高さを見る

　売上高や経営規模の違いがある会社同士であっても、「時間当たり」や「1人当たり」そして「㎡当たり」という単位当たりの数字ならば同じ土俵で比較できます。

　たとえば、「1人当たり売上高」や「1人当たり利益」などの計算結果で、人的生産性を評価することができます。

　もしも利益額が同じ2億円の会社であっても、従業員数が50人のA会社と、従業員数が100人のB会社では、実力が違います。A会社の1人当たり利益は400万円に対して、B会社の1人当たり利益は200万円と半分の結果になってしまいます。

　ここでの従業員数は、期中平均の従業員数によるべきですが、少なくとも前期末と当期末の合計人数を2分の1した平均人数とします。当期末近くに多くの従業員が退職したり、期中での従業員の採用数が多い場合などでは、期末人数で計算すると正しい1人当たりの金額を求められないためです。

　また従業員のうちにパートタイム労働者がいるときには、労働時間で人数換算します。4時間労働者で0.5人、6時間労働者で0.75人といった具合にです。

第 6 章

会社の実力を
診断してみましょう

決算書分析のコツと
「連結計算書類」作成のステップ

　これまでの決算書の読み方の復習として、基本的な「決算書分析」を取り上げます。
　章末のサンプル決算書を使ってチャレンジしてみてください。また、企業集団としての実力を見るために、「連結計算書類」の基本的なしくみと作成のステップをマスターしましょう。

1 グループ企業は「連結」した数字を見る

「連結」した数字を見ないと意味がないケース

　これまで単体決算書の読み方を見てきましたが、ここでは「連結決算」のポイントと「連結計算書類」の基本的なしくみを確認しましょう。
　「連結決算」とは、子会社などを含めたグループ単位で、損益状況と財政状態を報告することをいいます。本来、親会社と子会社は別法人ですが、子会社が親会社の販売会社や開発会社としての重要な役割を担っている場合には、その子会社は親会社の1部門というべきです。
　また事業運営の効率化と多角化のため、大企業を中心に持株会社の下に事業子会社を設立する持株会社形態が多く採用されています。このような持株会社のうち純粋持株会社は、基本的に事業活動を行っていません。
　「純粋持株会社」とは、傘下に多くの事業会社を持ち、グループ全体の経営戦略を立てたり、資金調達を行うなど司令塔の役割を果たしている会社です。そのような純粋持株会社については単体決算書を見ても意味がありません。
　このほか、親会社と子会社との取引には注意すべき点があります。
　たとえば親会社が、販売会社である子会社に売り上げた製品が、子会社内で在庫として売れ残っている場合を考えてみてください。
　もしも製品が外部の会社へ売却されていないならば、親会社から子会社への売上高とは単にグループ内で製品を動かしただけです。親会社の損益計算書に、その製品売上に対する粗利益が計上されていても、その利益は未実現のものです。
　このようなグループ会社間の取引に含まれる未実現利益を除外して、本当の損益状況をつかむという意味でも、「連結」した決算書を見ることが大事なのです。

「連結計算書類」で連結する範囲

　企業集団としての経営成績と財政状態を報告するために作成する計算書類を、「連結計算書類」といいます。

　上場会社などは、証券取引法による開示規制に基づき、「連結財務諸表」の作成が義務づけられています。

　会社法においては、大会社で有価証券報告書を提出する義務のある会社に連結計算書類の作成を義務づけるとともに、会計監査人設置会社であれば、会社の規模を問わず連結計算書類を作成できるとしています。

　会社法での大会社とは、最終事業年度の貸借対照表における資本金が5億円以上または負債が200億円以上の会社をいいます。

会社法での連結計算書類
① 連結貸借対照表
② 連結損益計算書
③ 連結株主資本等変動計算書
④ 連結注記表

　連結計算書類では、支配・従属関係にある2つ以上の会社はひとつの組織体とみなされます。他の会社を支配している会社を「親会社」、支配されているすべての会社を「子会社」といいます。

　他の会社を支配するとは、他の会社の「意思決定機関」を支配していることをいいます。

　「意思決定機関を支配する」とは、次の①または②の場合などをいいます。

---

① 他の会社の「議決権の過半数」を所有している
② 議決権の所有割合が50％以下であっても、高い比率の議決権を有しており、かつ、役員派遣などで財務および事業の方針の決定を支配している

連結計算書類の作成と開示により、会社の経営者は企業集団全体での正しい業績が把握でき、投資家や株主は親子会社間の取引による利益操作を排除した適切な会計報告を得ることが可能となります。

「連結計算書類」で実力を見よう

具体的に、サンプル会社の事例で連結計算書類を作成して、真の実力を見抜いてみましょう！

（株）押付親商事は、100％出資の子会社である（株）押付子商事を設立しています。次に掲げる決算書が、（株）押付親商事と（株）押付子商事のそれぞれの会社の単体決算書です。

親会社である（株）押付親商事の損益計算書には、子会社に対する売上高10億円が含まれており、貸借対照表の売掛金には、子会社に対する売掛金4億円が含まれています。

また子会社へ売上げた商品のうち、4億円は子会社の在庫となっており、この商品の粗利率は40％です。

（株）押付親商事の単体決算書での当期純利益は1億円と順調のように見えますが、「押付商事グループ」での経営成果はどうでしょうか。

（事例）

（株）押付親商事は、100％出資の子会社（株）押付子商事を設立しています。

（株）押付親商事と（株）押付子商事の単体決算書は図6-1のとおりです。

押付親商事：貸借対照表（B/S）

平成○3年3月31日現在

(百万円)

資産		負債および純資産	
現預金	200	買掛金	800
売掛金	1,000	借入金	500
商品	600	資本金	600
備品	900	利益剰余金	800
減価償却累計額	△200		
関係会社株式	200		
合計	2,700	合計	2,700

注 ①子会社に対する売上高　10億円
　　②子会社に対する売掛金　4億円
　　③子会社へ売り上げた商品のうち4億円は
　　　在庫となっています（粗利率40％）

押付親商事：損益計算書（P/L）

自平成○2年4月1日　至平成○3年3月31日

(百万円)

売上高	2,000
売上原価	1,200
売上総利益	800
販売費および一般管理費	580
営業利益	220
営業外収益（受取利息）	80
営業外費用（支払利息）	60
経常利益	240
特別損益	0
税引前当期純利益	240
法人税等	140
当期純利益	100

押付子商事：貸借対照表（B/S）

平成○3年3月31日現在

(百万円)

資産		負債および純資産	
現預金	100	買掛金	400
売掛金	200	借入金	280
商品	400	資本金	200
備品	300	利益剰余金	20
減価償却累計額	△100		
合計	900	合計	900

注 ①親会社からの仕入高　10億円
　　②親会社に対する買掛金　4億円
　　③商品4億円はすべて親会社から
　　　仕入れたものです

押付子商事：損益計算書（P/L）

自平成○2年4月1日　至平成○3年3月31日

(百万円)

売上高	1,040
売上原価	800
売上総利益	240
販売費および一般管理費	160
営業利益	80
営業外収益（受取利息）	20
営業外費用（支払利息）	60
経常利益	40
特別損益	0
税引前当期純利益	40
法人税等	20
当期純利益	20

図6-1 （株）押付親商事と（株）押付子商事の単体決算書

連結計算書類の作成ステップ

　連結計算書類を作成するためには、一度、グループ全体の決算書を合計したのち、内部の移動にすぎない取引、未実現の利益を消去します。
　具体的には、次のようなステップにより、グループ全体での貸借対照表と損益計算書を作成します。

> ① 親・子会社の決算書を、すべて合計する
> ② 投資・資本取引・内部取引・残高・未実現利益を消去する
> 　1. 企業集団内の資本勘定・投資勘定を消去する
> 　2. 企業集団内の売上・仕入を消去する
> 　3. 企業集団内の債権・債務を消去する
> 　4. 子会社の在庫に含まれる内部利益を消去する

　図6-2の「連結計算書類を作成するための精算表」のなかで、これらのステップを行っています。
　精算表において、「5つの箱」の右側（貸方）である負債・純資産・収益の科目を括弧書きで記入しています。
　連結計算書類を作成するためには、いったんグループ全体の計算書類を合計しますが、合計して終わりではなく、内部の移動にすぎない取引、未実現利益は消去します。
　なお、連結計算書類の作成にあたり、未実現利益にかかる税効果会計と連結株主資本等変動計算書は省略しています。

連結計算書類を作成するための精算表

貸方は（　）で表示　　（百万円）

	科目	親会社	子会社	合算	投資勘定消去	取引高の消去	債権債務消去	未実現利益の消去	連結決算書
貸借対照表	現預金	200	100	300					300
	売掛金	1,000	200	1,200			(400)		800
	商品	600	400	1,000				(160)	840
	備品	700	200	900					900
	関係会社株式	200	0	200	(200)				0
	買掛金	(800)	(400)	(1,200)			400		(800)
	借入金	(500)	(280)	(780)					(780)
	資本金	(600)	(200)	(800)	200				(600)
	利益剰余金	(800)	(20)	(820)				160	(660)
	計	0	0	0	0		0	0	0
損益計算書	売上高	(2,000)	(1,040)	(3,040)		1,000			(2,040)
	売上原価	1,200	800	2,000		(1,000)		160	1,160
	販売管理費	580	160	740					740
	営業外収益	(80)	(20)	(100)					(100)
	営業外費用	60	60	120					120
	法人税等	140	20	160					160
	当期純利益	(100)	(20)	(120)				160	40

図6-2 連結計算書類を作成するための「精算表」

消去された取引などを仕訳で表現する

それぞれの決算書を合計したあとで、連結計算書類を作成する過程で消去された取引などを仕訳で表現すると次のとおりです。

(百万円)

① 親会社の投資額と子会社の資本金 → 単なるお金の移動です
　資本金（子会社のB/S）　200 ／ 関係会社株式（親会社のB/S）200

② 親子会社間の商品売上高 → 単なる商品の移動です
　売上高（親会社のP/L）　1,000 ／ 売上原価（子会社のP/L）　1,000

③ 親子会社間の売掛金と買掛金 → 債権債務の膨張にすぎません
　買掛金（子会社のB/S）　400 ／ 売掛金（親会社のB/S）　400

④ 子会社の在庫に含まれている利益 → 利益の過大表示です
　売上原価（子会社のP/L）160 ／ 商品（子会社のB/S）　160

結果として、親会社と子会社の決算書を単純に合計した貸借対照表の利益剰余金と損益計算書の当期純利益から未実現利益160が消去されます。なお本来は、未実現利益にかかわる税効果会計の認識が必要です。

これらを相殺消去した連結計算書類では、外部との間で実現した取引や利益だけが表示され、「押付商事グループ」としての正確な経営成果と財政状態を見ることができます。

（株）押付親商事の単体決算書での当期純利益は1億円でしたが、連結計算書類を見ると、押付商事グループでの当期純損失は4,000万円という現実がわかります。

押付商事グループ：連結貸借対照表（B/S）

平成○3年3月31日現在

（百万円）

資産		負債および純資産	
現預金	300	買掛金	800
売掛金	800	借入金	780
商品	840	資本金	600
備品	1,200	利益剰余金	660
減価償却累計額	△300		
合計	2,840	合計	2,840

押付商事グループ：連結損益計算書（P/L）

自平成○2年4月1日　至平成○3年3月31日

（百万円）

売上高	2,040
売上原価	1,160
売上総利益	880
販売費および一般管理費	740
営業利益	140
営業外収益（受取利息）	100
営業外費用（支払利息）	120
経常利益	120
特別損益	0
税引前当期純利益	120
法人税等	160
当期純損失	40

（結論）押付商事グループの当期純損失は4,000万円でした。

> **注** 税効果会計および連結株主資本等変動計算書の作成は省略しています

図6-3 押付商事グループの「連結計算書類」

2　いい経営が決算書の良循環を生む

決算書は貸借対照表にはじまり貸借対照表に引き継がれる

　会社は適正に儲けるために、毎期事業活動を繰り返し続けていきます。会社経営と決算書とのかかわりを、「3→5→3」の動きのイメージでつかんでください。

　すべての会社の創業時や事業年度の開始時の決算書は、プラスの財産（資産）、マイナスの財産（負債）、そして純資産という「3つの箱」、すなわち貸借対照表からはじまります。

　その後、商品を仕入れて（費用）、商品を売る（収益）という会社の活動は、「5つの箱」の中身の増減として表現されます。

　結果として、儲かる会社でははじまりの「3つの箱」（貸借対照表）に、経営成果である利益（＝収益 − 費用）が足されて、純資産が膨らみ繰り越されます。

　逆に、赤字の会社では、「3つの箱」（貸借対照表）から経営結果である損失（＝費用 − 収益）が減算されますので、純資産がへこんで繰り越されます。

　会社の活動は、「3つの箱」（貸借対照表）からはじまり、「5つの箱」の増減でがんばり具合が表現され、次の「3つの箱」（貸借対照表）に引き継がれていく、「3→5→3」の繰り返しなのです。

　また決算書は「貸借対照表ではじまり、貸借対照表に引き継がれる」ため、会社の経営活動の成果や資金繰り状況などの実力は、最終的には貸借対照表に表われます。

　経営成果として損益計算書での利益が、貸借対照表の純資産の部を厚くするという良循環により、決算書は事業年度を重ねるごとによくなっていることが理想です。

（1）儲かった会社……がんばった成果が出ました！

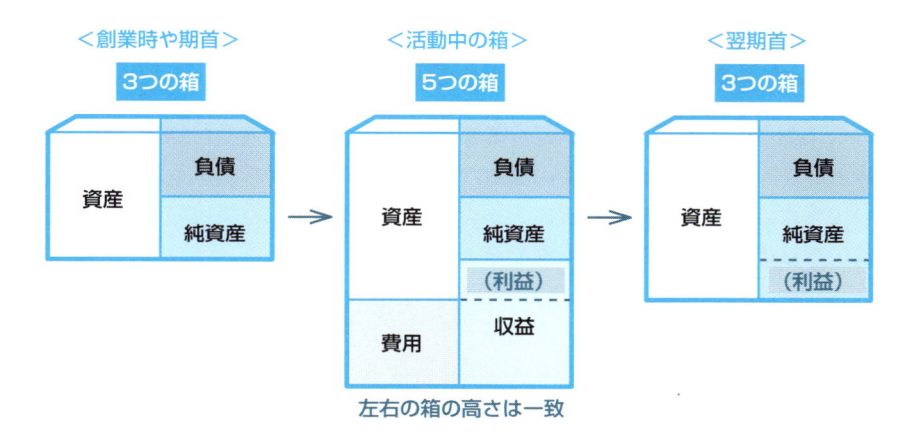

＜創業時や期首＞　3つの箱

資産 ｜ 負債／純資産

＜活動中の箱＞　5つの箱

資産・費用 ｜ 負債／純資産／（利益）／収益

左右の箱の高さは一致

＜翌期首＞　3つの箱

資産 ｜ 負債／純資産／（利益）

（2）儲かっていない会社……来期はがんばりましょう！

3つの箱

資産 ｜ 負債／純資産

5つの箱

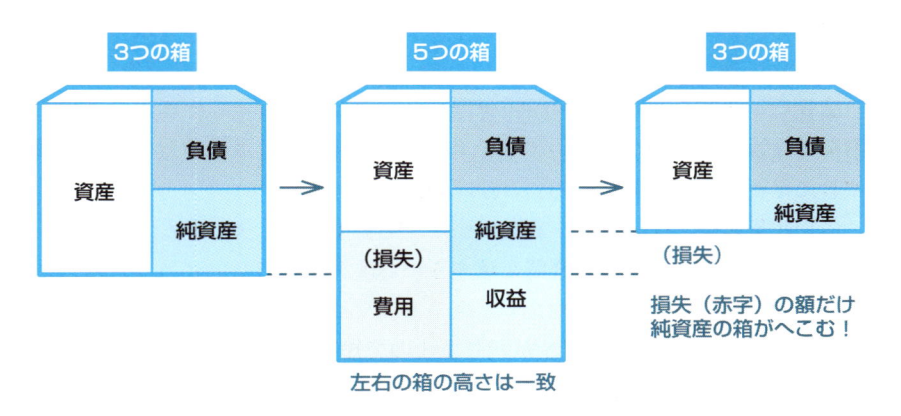

資産／（損失）費用 ｜ 負債／純資産／収益

左右の箱の高さは一致

3つの箱

資産／（損失） ｜ 負債／純資産

損失（赤字）の額だけ純資産の箱がへこむ！

図6-4　会社経営は「3 → 5 → 3」の箱の繰り返し

3 貸借対照表を分析してみよう

まとめ：基本的な決算書分析の意味と計算方法

　ここからは、決算書の読み方の総まとめとして、基本的な決算書分析の意味と計算方法を取り上げます。章末のサンプル決算書「株式会社エトワールの決算報告書」で決算書分析にチャレンジしてみましょう。解答は各節の最後にありますので、確認してみてください。

短期的な支払能力は「流動比率」でチェック

　第3章で見たとおり、貸借対照表を作成するにあたっては、資産は流動資産と固定資産に区分し、負債も流動負債と固定負債に区分して表示します。
　「流動資産」とは、本来の営業活動で発生した売上債権や在庫などの資産と、1年以内に現金回収される予定の資産です。
　一方、「流動負債」は営業活動で発生した仕入債務などの負債と、1年以内に返済する予定の負債です。そのため、流動資産とは1年以内に現金化される資産であり、反対に流動負債は1年以内に資金が流出する負債だといえます。
　そこで、流動資産と流動負債の金額バランスを比較することにより、短期的な資金繰りに問題がないかどうかチェックできます。流動項目同士を比較する比率ですので「流動比率」と呼ばれています。
　流動比率を平たくいうと、流動資産が流動負債よりも多いかどうかを見る指標です。流動資産が流動負債を超えていれば、短期的な資金繰りには余裕があると判断できます。流動比率が高い会社では、流動負債をすべて返済したとしても、手許に多くの資産が残りますので短期的な資金繰りは安泰です。

$$流動比率（\%） = \frac{流動資産（①　　　）}{流動負債（②　　　）} \times 100 = （③　　　）\%$$

当座の資金繰りは「当座比率」で厳しくチェック

流動比率よりも厳しく、会社の当座の資金繰り状況を判断する指標として当座比率があります。

「当座比率」とは、当座資産が流動負債を超えているかどうかという視点から会社の支払能力を見る指標です。

「当座資産」とは解約、売却や回収などによって、すぐに現金化される資産グループの総称です。具体的には、手許現金のほか、解約が容易な預金、MMFやMRFなどの価格変動リスクの低い有価証券、売上債権などをいいます。流動資産に含まれる在庫を除きますので、容易に換金が可能な資産が当座資産といえます。

売上債権について、貸倒引当金を見積計上している場合には、貸倒引当金控除後の金額とします。

「貸倒引当金」とは、相手先の経営状態の悪化によって回収できない（お金を貸したのに相手が倒れてしまう）リスクに準備する（引き当てる）ための金額です。将来の貸倒損失のうち、当期が負担すべき部分を費用として先取りして、焦げつくリスク部分は貸倒引当金として資産から控除する形で表示します。現実に回収できない額とは異なるのですが、確実な支払能力を測る意味で、売上債権から貸倒引当金を控除します。

当座比率が100％を超えている会社は、当座のお金で流動負債のすべてを返済しても、なお資金が手許に残るということであり、資金繰り状況は良好だといえます。

基本的には、当座比率が高いほど支払能力も高いといえますが、回収遅れの売上債権が含まれていないかなど当座資産の中身をよく見る必要があります。

$$当座比率（\%）= \frac{当座資産（④　　　）}{流動負債（⑤　　　）} \times 100 = （⑥　　　）\%$$

設備投資の安全性は「固定比率」でチェック

　会社の設備投資に無理がないかどうかは、固定資産と純資産を比較することによりチェックします。純資産は、元手と儲けの蓄積であり、会社自身のお金という意味で、自己資本とも呼ばれます。

　「固定比率」とは、固定資産を自己資本で割った指標です。固定資産への投資が自己資本の範囲内で行われているならば、固定比率は100％以下となります。基本的には、固定比率は低いほどいい経営指標です。

　ただし、単年度のみの固定比率の計算結果だけではなく、少なくとも設備投資後3年間程度の固定比率の推移を見ます。

　自己資本の範囲内での設備投資とは、現状に安住することでもあり、縮小均衡で今以上の発展は望めないこともありえます。

　会社の将来発展のために勝算があるならば、自己資本の額を超えた積極投資を試みる決断も要求されます。

　しかし、固定比率が100％を超えている会社のうち、固定資産の中身のほとんどが遊休の土地や投資有価証券である会社は、お金の使い方を誤っているので要注意です。

$$固定比率（％）＝\frac{固定資産（⑦　　　）}{自己資本（⑧　　　）}×100＝（⑨　　　）％$$

設備投資に無理がないか「固定長期適合率」でチェック

　固定比率を補完する指標として固定長期適合率があります。

　「固定長期適合率」とは、長期的な固定資産への投資額が、返済不要の自己資本と固定負債の合計額以下であるかどうかで設備投資の安全性を判断する指標です。

　何とも難しい言葉ですが、固定長期適合率とは「固定資産への投資額が長期的な資本調達とうまく適合しているか」を見る指標だと捉えてください。

　先に見た固定比率が100％を超えている会社は、自己資本の額を超えて固

定資産への投資を行っているわけですが、それだけで不健全だと決めつけるのは早計です。

　長期間回収できない投資額であっても、長期間借りていてもよい固定負債でまかなっているならば安全だといえるからです。

　「固定負債」とは、長期借入金や社債などの返済期限が1年を超える負債をいいます。

　固定長期適合率が100％以下であれば、長期的なお金の集め方と使い方のバランスに問題はないとされるわけです。

　反対に、固定長期適合率が100％を超える会社は、自己資本と固定負債の合計額を超える固定資産投資を行っていることになります。

　このような会社では、短期的な負債が長期的な投資に運用されていますので、お金の舵取りを誤っているといえます。

　固定長期適合率が100％を超えている会社は、先に見た流動比率が100％未満となり、短期的支払能力にも欠けます。

固定長期適合率（％）

$$= \frac{固定資産}{固定負債 ＋ 自己資本} \times 100$$

$$= \frac{(⑩)}{(⑪) + (⑫)} \times 100 = (⑬)\％$$

Answer 5　貸借対照表を分析してみよう

① 2,716,230　② 2,323,980　③ 116.9　④ 1,668,150
⑤ 2,323,980　⑥ 71.8　⑦ 1,877,750　⑧ 1,210,000
⑨ 155.2　⑩ 1,877,750　⑪ 1,060,000　⑫ 1,210,000
⑬ 82.7

4 「自己資本比率」の求め方と改善策

「自己資本比率」で財務の健全性をチェック

　会社がお金を集める方法には、他人資本と自己資本という2つの方法があります。このうち他人資本は、他人から借りているお金ですから支払利息などのコストがかかります。

　会社を発展させるためには、できるかぎり本業へ集中できる体制が不可欠です。そのためには資金繰りの悩みが少なく、借入金の返済に気をとられない安定したお金の調達が大切です。

　このようなお金の調達方法が健全であるかどうかを見る指標が自己資本比率です。

自己資本比率（％）＝ 自己資本 ÷ 総資本

　「自己資本比率」とは、返済不要の自己資本が、お金の集め方の総額である総資本のうち何％を占めているかを見る指標です。

　自己資本比率が高いほどお金の集め方が健全で、他人資本である借入金への依存度が低いといえます。

　どの会社も借入金以外に、商取引での仕入債務や、税金の未払部分、将来の退職金債務などを抱えていますので、他人資本をゼロにするのは不可能です。しかし、総資本のうちに占める負債の額は半分以下に抑えておきたいものです。言い換えれば、総資本のうち自己資本が半分以上、つまり自己資本比率が50％以上ということです。

　自己資本比率が50％とは、総資本の半分を自分のお金で回しているということであり、資金繰り面でも経営が楽になってきます。

　自己資本比率は、業種や商売上の決済方法などが違う会社同士であっても同じ土俵で比較できる経営指標です。

自己資本比率が高い会社とは、過去から税引後利益を蓄積した会社であり、財政状態の健全性を保ってきた会社だといえます。

業種や業態および企業規模を問わず、自己資本比率が高い会社は優良企業なのです。

$$自己資本比率（\%）= \frac{自己資本}{総資本} \times 100$$

$$= \frac{（①　　　）}{（②　　　）} \times 100 = （③　　　）\%$$

自己資本比率を高めるにはどうすればいい？

貸借対照表を見れば、自己資本比率の高さはひと目でわかりますので、会社の財務健全性もすぐに判断できます。財務力の強さを表わす自己資本比率を高めるために、どのような方法があるか考えてみましょう。

自己資本比率は自己資本を総資本で割って求める比率ですから、「自己資本比率アップのための方策」とは、分子の自己資本を大きくするか、分母の総資本を圧縮するというどちらかのアプローチになります。

$$自己資本比率（\%）（\uparrow）= \frac{自己資本（\uparrow）}{総資本（\downarrow）}$$

具体的には、自己資本比率を高めるためには、次の3つの方法があります。

方法①　増資

増資により資本金の額を増加させる方法。直接的で、かつ即効性のある方法です。ただし、資本金には配当金支払というコストがかかりますので、長

い目で見ると自己資本比率は薄まっていきます。

方法② 利益の蓄積

　経営努力の成果である損益計算書での税引後当期純利益を、利益剰余金の一部として社内に留保していく方法。1期あるいは2期の利益計上で、すぐに自己資本比率が改善するわけではありませんが、会社としては、最も望ましい経営成果の形です。

方法③ B/Sの再構築

　最後は、間接的に自己資本比率を高める方法。ムダな資産とそれに対応する負債を圧縮することにより、財務構造の健全化を図るとともに貸借対照表をスリム化します。貸借対照表をスリム化、つまり総資産を縮小すると、自己資本比率の計算式の分母である総資本が小さくなり、結果的に自己資本比率が高まることになります。

　ビジネスに貢献しない不要な資産を圧縮して貸借対照表を改善することは、自己資本比率の改善だけでなく、「総資産回転率」の高い効率経営を実践して、利益を残せる会社へ変革する第一歩でもあります。

Answer 6　「自己資本比率」を求めてみよう

　① 1,210,000　② 4,593,980　③ 26.3

5 有利子負債が多すぎないかチェックする

「有利子負債」とは、利子の支払を有する負債のことです。具体的には、短期借入金、長期借入金のほかに社債も含まれます。

体力以上の借入金を負っていると、支払利息などのコスト負担で利益が圧迫されるとともに、元金返済に追われ資金繰りが苦しくなります。そこで有利子負債については、月商とのバランスで「有利子負債月商倍率」を見ます。

「有利子負債月商倍率」とは、短期および長期借入金や社債などの有利子負債残高が月商の何倍であるかをチェックする指標です。

$$\text{有利子負債月商倍率（倍）} = \frac{\text{有利子負債}}{\text{月商}}$$

$$= \frac{(①\qquad)}{(②\qquad)} = (③\qquad)\text{倍}$$

一般的に、有利子負債月商倍率は、多くとも3倍から5倍までに抑えたいところです。もしも、有利子負債月商倍率が6倍（年商の半分）を超えるようでは、あきらかに借金過多です。本業で稼ぐ利益のほとんどが支払利息で消え、資金繰り面でも負債の返済に忙しい会社ということになります。

なお有利子負債月商倍率を正しく計算するためには、借入金などの残高は、貸借対照表の期末時点の借入金残高ではなく、月次決算書における毎月末の借入金などの残高の月平均額によらなければなりません。

たとえば、貸借対照表日の前日に借入金を一括して繰り上げ返済をしている場合などでは、正確な有利子負債月商倍率が計算できないためです。

Answer 7　「有利子負債月商倍率」を求めてみよう

① 1,390,000　② 496,050　③ 2.8

6 損益計算書を分析してみよう

損益計算書は「百分率」で経営成果を見る

損益計算書は、売上高を分母として利益と費用を「百分率」で見ます。

経常利益の金額が同じ会社であっても実力も同じとはかぎりません。

たとえば「当社の経常利益は1億円です」と聞かされても、経常利益の金額の大きさだけでは、いいのか悪いのか判断できないのです。

もしも、売上高が10億円の会社で、経常利益が1億円であれば、経常利益率（＝経常利益÷売上高）は10％です。ところが、経常利益が同じ1億円の会社でも、売上高が20億円ならば経常利益率は5％になります。

経常利益の金額の大きさだけでは同じ土俵で会社の優劣を判断することはできません。利益については、利益金額の大きさだけではなく、それぞれの利益が売上高に占める割合である「利益率」を見ることが大事です。「利益率」を見るならば、規模の違う会社と会社を同じレベルで比較できます。

また、利益率だけではなく、売上高に対する費用の比率を見ます。

売上高に対する販売管理費の負担率や支払利息の負担率を求めれば、「100円稼ぐために何円費やしているか」という現状が把握できます。

利益率と費用率は裏返しの関係ですので、利益率を高めるには、費用の負担率を下げることが基本の基本となります。

（1）売上総利益率 → 商品力の高さ

$$売上総利益率（\%）= \frac{売上総利益}{売上高} \times 100$$

$$= \frac{（①\qquad）}{（②\qquad）} \times 100 = （③\qquad）\%$$

（2）営業利益率 → 本業で儲ける力

$$営業利益率（\%）= \frac{営業利益}{売上高} \times 100$$

$$= \frac{（④\qquad）}{（②\qquad）} \times 100 =（⑤\qquad）\%$$

（3）経常利益率 → 財務力も加味した実力

$$経常利益率（\%）= \frac{経常利益}{売上高} \times 100$$

$$= \frac{（⑥\qquad）}{（②\qquad）} \times 100 =（⑦\qquad）\%$$

（4）当期純利益率 → 最終の力

$$当期純利益率（\%）= \frac{当期純利益}{売上高} \times 100$$

$$= \frac{（⑧\qquad）}{（②\qquad）} \times 100 =（⑨\qquad）\%$$

Answer 8　損益計算書を分析してみよう

① 1,832,540　② 5,952,600　③ 30.8　④ 132,800
⑤ 2.2　⑥ 77,100　⑦ 1.3　⑧ 41,200　⑨ 0.7

7 ビジネスの成果を「総資産経常利益率」で見る

「総資産経常利益率」は収益性の総合的な指標

　最後に、総合的な経営成果を評価する指標として、総資産経常利益率を見ておきましょう。

　「総資産経常利益率」とは、いくらの総資産をビジネスで使用して、どれほどの実力利益を稼いだかの結果です。ビジネスで使用する総資産のために集めたお金の総額が総資本ですから、総資本とはビジネスに投資しているお金の総額になります。

　つまり、総資産経常利益率は、会社経営にお金を投資した結果の「利回り」を表わします。

　もし、総資産利益率より外貨預金の利回りのほうが高いなどという状態ですと、保有している資産をすべて売り払って、預金で運用したほうが効率がよくて、楽に儲かるということになってしまいます。

総資産経常利益率を正しく計算するために

　総資産経常利益率を正確に計算するために、分子の「利益」は、支払利息控除前の「経常利益」とします。

　分母の総資産すなわち「総資本」とは、他人資本と自己資本の合計です。他人資本の調達コストは支払利息であり、自己資本の調達コストは支払配当です。

$$総資産経常利益率（\%） = \frac{支払利息控除前経常利益}{総資産} \times 100$$

$$= \frac{（①　　　　　）}{（②　　　　　）} \times 100 = （③　　）\%$$

一方、損益計算書の経常利益は、他人資本の調達コストである支払利息は差し引かれていますが、自己資本の調達コストである支払配当金は差し引かれていません。

　そこで、支払利息控除前の経常利益により総資産経常利益率を計算することにより、分母と分子の整合性がとれるわけです。

回転率の高い経営が総資産経常利益率を高める

　次ページ図6-5を見てください。総資産経常利益率の分母と分子に売上高を掛け合わせれば、「利益率」と「総資産回転率」という2つの要素に分解できます。

　総資産経常利益率を高めるためには、まずは利益率を高める企業努力が要求されます。

　しかし、自由競争下では新製品を出したなら、すぐにライバル企業からも同価格の類似製品が登場します。そのため価格面での差別化は難しく、同業他社間での収益性は、ほぼ同じところへたどり着きます。

　そうなると、もうひとつの要素である総資産回転率を高める努力が重要となります。総資産回転率が悪い場合には、具体的な総資産の中身を見ます。総資産のなかでも、売上債権、在庫、固定資産などは資金が寝やすい科目ですので、それぞれの科目ごとの回転率もチェックします。

　収益性の高い会社となるためには、少ない総資産で、大きく稼ぐ「回転率の高い」経営が大切となります。

　会社の総合的な収益力とは、利益率の高さだけではなく、回転率の高さにより左右されるわけです。

Answer 9　「総資産経常利益率」を求めてみよう

　①　132,300　　②　4,593,980　　③　2.9

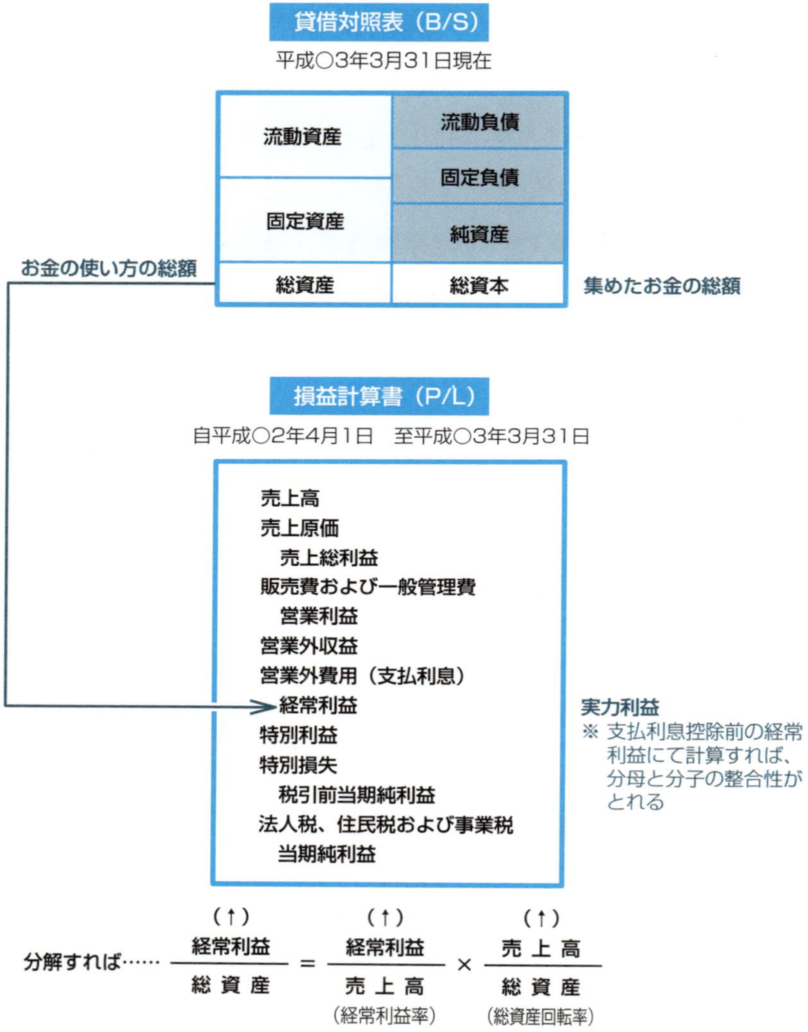

貸借対照表（B/S）
平成○3年3月31日現在

流動資産	流動負債
	固定負債
固定資産	純資産
総資産	総資本

お金の使い方の総額　　　　　　　　　　　　　集めたお金の総額

損益計算書（P/L）
自平成○2年4月1日　至平成○3年3月31日

```
売上高
売上原価
　売上総利益
販売費および一般管理費
　営業利益
営業外収益
営業外費用（支払利息）
　経常利益
特別利益
特別損失
　税引前当期純利益
法人税、住民税および事業税
　当期純利益
```

実力利益
※ 支払利息控除前の経常利益にて計算すれば、分母と分子の整合性がとれる

分解すれば……

$$\frac{経常利益(\uparrow)}{総資産} = \frac{経常利益(\uparrow)}{売上高} \times \frac{売上高(\uparrow)}{総資産}$$

（経常利益率）　　（総資産回転率）

① 経常利益率の向上に努める（付加価値の高い製品の提供とコスト削減に努める）
② 不要な資産（不良在庫・滞留債権・固定資産）を圧縮して総資産回転率を高める

図 6-5 「総資産経常利益率」で経営力を見る

＜決算書分析の確認テスト用サンプル決算報告書＞

　次ページからのサンプル決算書を使って、P192～204の「決算書分析」にチャレンジしてください。

　業　　種： 婦人服地の卸売業

　従業員数： 150人

＜決算書分析のルール＞

（1）前期末と当期末の平均値によるべき数値については、簡便的に当期末の数字によってください。

（2）経営分析比率（％）は小数点第2位を四捨五入します。

（3）当座比率の計算にあたり、当座資産の合計額から貸倒引当金を控除します。

（4）1人当たり人件費の計算において、人件費は役員給与・給料賞与・法定福利費・福利厚生費・退職金・退職給付引当金繰入額の合計額とします。

（5）株式会社エトワールの売上原価はすべて外部購入価値であり、付加価値額の計算にあたり、売上総利益と付加価値額は等しいものとします。

（6）1人当たりの指標は、期末従業員数（150人）で計算してください。

（7）千円単位で求める指標は、千円未満を四捨五入します。

(第18期)

決 算 報 告 書

自 平成〇2年4月1日
至 平成〇3年3月31日

東京都中央区築地1丁目

株式会社 エトワール

貸借対照表（B/S）

平成○3年3月31日現在

（単位：千円）

資産の部		負債および純資産の部	
科目	金額	科目	金額
（資産の部）		（負債の部）	
流動資産	**2,716,230**	**流動負債**	**2,323,980**
現金預金	285,000	支払手形	676,500
受取手形	452,150	買掛金	1,025,000
売掛金	943,000	短期借入金	490,000
商品	1,029,860	預り金	37,180
前払費用	11,220	未払費用	56,300
未収入金	7,000	未払消費税等	17,000
貸倒引当金	△12,000	未払法人税等	22,000
固定資産	**1,877,750**	**固定負債**	**1,060,000**
有形固定資産	**1,061,250**	長期借入金	900,000
建物	540,200	退職給付引当金	160,000
器具備品	605,300	**負債合計**	**3,383,980**
土地	120,750		
減価償却累計額	△205,000		
		（純資産の部）	
無形固定資産	**15,728**	**資本金**	**125,000**
電話加入権	728	**資本剰余金**	**0**
借地権	15,000	**利益剰余金**	**1,085,000**
		利益準備金	28,500
投資その他の資産	**800,772**	別途積立金	965,720
投資有価証券	797,072	繰越利益剰余金	90,780
長期貸付金	3,700	**純資産合計**	**1,210,000**
資産合計	**4,593,980**	**負債および純資産合計**	**4,593,980**

損益計算書(P/L)

自平成○2年4月1日　至平成○3年3月31日

(単位:千円)

科目	金額	
売上高		5,952,600
売上原価		4,120,060
売上総利益		**1,832,540**
販売費および一般管理費		1,699,740
営業利益		**132,800**
営業外収益		
受取利息および配当金	4,100	
その他営業外収益	1,300	5,400
営業外費用		
支払利息	55,200	
その他営業外費用	5,900	61,100
経常利益		**77,100**
特別利益		
固定資産売却益		600
特別損失		
固定資産除却損		8,300
投資有価証券売却損		6,200
税引前当期純利益		**63,200**
法人税、住民税および事業税		22,000
当期純利益		**41,200**

販売費および一般管理費の内訳書

(単位:千円)

科目	金額
役員給与	172,000
給料賞与	732,500
法定福利費	191,000
福利厚生費	238,350
退職金	990
交際費	21,370
旅費交通費	85,000
広告宣伝費	93,000
通信費	6,300
諸会費	3,200
事務用品費	13,000
消耗品費	9,600
修繕費	2,370
保険料	3,410
租税公課	5,700
会議費	5,500
減価償却費	105,000
退職給付引当金繰入額	5,000
貸倒引当金繰入額	3,000
雑費	3,450
合計	1,699,740

株主資本等変動計算書

(単位：千円)

		前期末残高	当期変動額				当期末残高
			剰余金の配当	当期純利益	別途積立金の積立て	合計	
株主資本	資本金	125,000					125,000
	資本剰余金	0					0
	利益剰余金						
	利益準備金	26,850	1,650			1,650	28,500
	その他利益剰余金						
	別途積立金	942,050			23,670	23,670	965,720
	繰越利益剰余金	91,400	△18,150	41,200	△23,670	△620	90,780
	利益剰余金合計	1,060,300	△16,500	41,200	0	24,700	1,085,000
	自己株式	0					0
純資産合計		1,185,300	△16,500	41,200	0	24,700	1,210,000

注記表

(1) 重要な会計方針にかかる注記

① 商品の評価基準および評価方法……最終仕入原価法による低価法

② 有形固定資産の減価償却の方法

建物は定額法、建物以外は定率法を採用しています。

③ 引当金の計上基準

売上債権、貸付金などの貸倒損失に備えるため、一般債権については貸倒実績率により、貸倒懸念債権については個別に回収可能性を検討し回収不能見込額を計上しております。

(2) 株主資本等変動計算書にかかる注記

① 当事業年度中に行った剰余金の配当に関する事項

平成○2年5月×日の定時株主総会において、次のとおり決議した。

　　配当金の総額　　16,500千円、配当の原資　利益剰余金
　　基　準　日　　　平成○2年3月31日
　　効力発生日　　　平成○2年6月×日

② 当事業年度の末日後に行う剰余金の配当に関する事項

平成○3年5月×日の定時株主総会において、次のとおり決議する予定である。

　　配当金の総額　　10,500千円、配当の原資　利益剰余金
　　基　準　日　　　平成○3年3月31日
　　効力発生日　　　平成○3年6月×日

付　　録

重要用語の総まとめ

あ行

売上原価
会社が外部から仕入れた商品または自社で製造した製品のうち、当期中に売上計上した商品の仕入原価または製品の製造原価

売上高
会社の定款に記載している本業からの収益

売上債権
売掛金・受取手形など商製品の売却代金のうち未回収部分を総称した言葉

売上総利益
取扱商製品の売上による儲けであり利益の大本
（計算式）売上総利益 ＝ 売上高 － 売上原価

運転資金
売上代金回収よりも仕入代金支払いが先行するため会社が立て替えなければならないお金
（計算式）運転資金 ＝ 売上債権 ＋ 棚卸資産 － 仕入債務

営業利益
売上総利益から販売費および一般管理費（給料・地代家賃・広告宣伝費などの本社管理費や販売促進費）を差し引いた本業での儲け

か行

株主資本等変動計算書
貸借対照表の純資産の部の項目の変動を表わす書類

キャッシュフロー計算書
1事業年度中の資金収支を営業活動、投資活動、財務活動のそれぞれに区分して報告する財務諸表

経常利益
営業利益に金融上の収益（受取利息・配当金など）を加算し、金融上の費用（支払利息など）を差し引いた会社の実力利益

決算
帳簿の集計結果として決算書を作成・報告する作業

決算書
貸借対照表、損益計算書、株主資本等変動計算書などを総称して呼ぶ名称

計算書類
貸借対照表、損益計算書、株主資本等変動計算書、注記表

固定資産
有形固定資産、無形固定資産、投資その他の資産など1年を超えて事業に使用する予定の資産

固定長期適合率

固定資産への投資額が、自己資本と固定負債の合計額でまかなわれているかにより投資の安全性を見る指標
（計算式）固定長期適合率 ＝ 固定資産 ÷（固定負債 ＋ 自己資本）
固定負債
長期借入金など返済期限が1年を超える負債（他人資本）
固定比率
固定資産の投資が自己資本の範囲内でまかなわれているかどうかで投資の安全性を見る指標
（計算式）固定比率 ＝ 固定資産 ÷ 自己資本

さ 行

財務諸表
証券取引法で作成が義務づけられている貸借対照表、損益計算書、株主資本等変動計算書、キャッシュフロー計算書、附属明細表の総称
残高試算表
一定期間の資産・負債・純資産・収益・費用の合計・残高を一覧表にした決算書の大本となる書類
資産
会社にとって価値のある積極（プラスの）財産であり、売却・処分・回収などにより資金化される
仕入債務
買掛金・支払手形など商製品の仕入代金のうち未払部分を総称した言葉
自己資本（＝ 純資産）
資産と負債の差額である純額の資産（株主資本、評価・換算差額等、新株予約権の合計）
自己資本比率
総資本（会社が現時点でビジネスに投入している資金の総額）のうちの自己資本が占める割合であり、財務の健全性を表わす指標
（計算式）自己資本比率 ＝ 自己資本 ÷ 総資本
実質金利
支払利息から受取利息を控除した純額の支払利息が借入金から預金を控除した純額の借入金に占める負担割合
収益
会社の稼ぎ方であり、営業収益・営業外収益・特別利益の3種類がある
仕訳
会社で起こる会計的な出来事（取引）を簿記のルールにしたがって記録する技術
正常営業循環基準
商品の開発・製造・仕入から売却・代金回収という会社の正常な営業活動循環内にある資産と負債を「流動」区分へ表示する基準

税効果会計
法人税法と企業会計の一時差異を調整して税引前当期純利益と法人税等を合理的に対応させる会計的な手法

損益計算書
一定期間の収益と費用を一覧にした会社の利益を表示する経営成績表

総資産
会社が調達した資金を具体的にどのように運用しているかの総額

総資産回転率
総資産を有効に活用して売上高を稼いでいるかという効率性の高さを見る指標

総資本
会社が調達している資本の総額であり、他人資本と自己資本の合計額

総資産経常利益率
総資産をどの程度有効に活用して、実力利益を確保しているかを見る収益力の総合的な指標
（計算式）総資産経常利益率 ＝（支払利息控除前）経常利益 ÷ 総資産

た行

他人資本（負債）
金融機関・一般債権者・仕入先などの他人から集めた資本をいう

貸借対照表
一定時点での資産と負債、そして純資産を表示する会社の財産表

退職給付会計
当期までに発生している年金数理により計算した退職給付の債務額から年金資産の時価を控除した残額を退職給付引当金として計上する会計

当期純利益
当期の収益からすべての費用・損失と法人税等を控除した最終の儲け

当座資産
現預金・売上債権・一部の有価証券など容易に換金が可能な資産の総称

当座比率
当座資産が流動負債を超えているかにより当座の資金繰りを見る指標
（計算式）当座比率 ＝ 当座資産 ÷ 流動負債

は行

販売費および一般管理費
商製品を売り上げるために必要な販売費および会社を管理運営していくために必要な費用の総称であり、販管費（ハンカンヒ）と略称する

費用
収益を得るために費やす用役と財貨であり、売上原価・販売費および一般管理

費・営業外費用・特別損失・法人税、住民税および事業税の5つがある

付加価値額
会社が新たに生み出した価値（売上高から外部購入価値を差し引いて求める）

付加価値生産性
1人当たりの付加価値額

負債（他人資本）
会社が負っている支払義務、返済義務のある債務

簿記
会計上の取引を仕訳を通して帳簿へ記帳・集計する作業

法人税等
会社が納税すべき法人税・法人住民税・事業税を総称して呼ぶ名称

ら行

流動資産
正常な営業活動循環内にある資産と、貸借対照表日の翌日から1年以内に資金化される資産

流動比率
流動資産が流動負債を超えているかにより短期的な資金繰りを見る指標
（計算式）流動比率 ＝ 流動資産 ÷ 流動負債

流動負債
正常な営業活動循環内にある負債と、貸借対照表日の翌日から1年以内に返済期限が到来する負債

流動性配列法
貸借対照表において、左側は流動資産 → 固定資産の順に、右側は流動負債 → 固定負債 → 純資産の順に流動項目を先に表示するルール

連結計算書類
支配従属関係にある企業集団の財政状態と経営成績を報告する書類（連結貸借対照表、連結損益計算書、連結株主資本等変動計算書、連結注記表）

労働分配率
付加価値額に占める労働力（人件費）の割合

わ行

ワン・イヤー・ルール（1年基準）
貸借対照表日の翌日から1年以内に回収期限が到来する資産と返済期限が到来する負債を「流動」区分へ表示するルール

やる気が出てくる
決算書が読める魔法のステップ

2006年7月31日　初版第1刷発行

著　者　　高下淳子
発行人　　柳澤淳一
編集人　　久保田賢二
発行所　　株式会社　ソーテック社
　　　　　〒102-0072　東京都千代田区飯田橋4-9-5　スギタビル4F
　　　　　電話：販売部　03-3262-5320
　　　　　FAX：　　　　03-3262-5326
印刷所　　昭和情報プロセス株式会社

本書の全部または一部を、株式会社ソーテック社および著者の承諾を得ずに無断で複写(コピー)することは、著作権法上での例外を除き禁じられています。製本には十分注意しておりますが、万一、乱丁・落丁などの不良品がございましたら「販売部」宛てにお送りください。送料は小社負担にてお取り替えいたします。

©JUNKO KOGE 2006, Printed in Japan
ISBN4-88166-813-7